競馬 正しい勝ち方

解析力の差がつく
絶対的分岐点

本島修司

KKベストセラーズ

まえがき

正しい勝ち方。

競馬本としては、ちょっと変わったタイトルに感じるかもしれない。

しかし、競馬には正しい勝ち方と、間違えた勝ち方がある。

競馬には、「必然の好走」（展開に関係なく好走した馬）と、「偶然の好走」（ちょっとした展開に乗じて好走した馬）があり、僕は、前者である「必然の好走」だけを視界に入れるというスタイルで、レースと向き合っている。

そして、必然的に起こる事象のみを見ることこそ、競馬における正しい見立て方だという結論に達している。

まず、競馬は、その「必然の現象を見抜くこと」が肝心。

そのうえで、「自分のライフスタイルの中に競馬をどう組み込むか」も重要。

それらが、そのまま「ハイレベルな見立て」に直結する。

馬券は水モノ。なので、負ける年は負ける。

それでも、僕の場合、年間トータル成績としては、3年あれば2回くらいはトントン〜プラスに持っていけることが多い。ＧＩだけ見れば、特にプラスになることが多い。

近年の〝最高傑作〟は、２０１５年秋のＧＩで、11戦9勝という成績だ。

なぜ、こういった良績が出るか。そのコツは何か。

優秀なセオリーで買っているから？

競馬と真摯に向き合っているから？

それもある。

だが、それだけではない。

競馬以外の世界に多く触れ、たくさんの人と語り合うことで、競馬の世界のお粗末な部分が見えているからだ

本書の中にも出てくるが、自分をそういった状況下に置くと、優秀なセオリーの「使い方」まで違ってくる。

そして、僕の本の読者には、こういった馬券戦績を叩き出す男たちが、たくさんいる。

あなたにも、その仲間入りをしてほしい。

この本では、競馬における「正しい勝ち方」をするためのさまざまなセオリー、作戦、視点、そして最も大切な、週末の行動習慣について書いてある。

あなたを、一競馬ファンとして、人生観ごとブラッシュアップする。

開発したばかりの、新セオリーも収録した。

変わりゆく競馬に対応するための、変化したセオリーも収録した。

マニアックな種牡馬を列挙し、根こそぎ馬券にしていくセオリーも収録した。

本書に散りばめた何もかもが、あなただけの競馬スタイル、あなただけの競馬を楽しむポジション、そして、あなただけの正しい勝ち方を構築するヒントになるだろう。

競馬に弱い人は、なぜ競馬に弱いか。わかるだろうか。原因は2つだ。

『精査力と分析力が低い』こと。そして、『競馬に執着している』こと。

競馬の「正しい勝ち方」とは何か、わかるだろうか。

端的に言うと、それは、『競馬を精査・分析することに楽しさを見出す』ことと、『馬券を買うことに楽しさを見出さない』こと。

本島修司

装丁◎塩津武幹　本文ＤＴＰ◎オフィスモコナ
写真◎高橋章夫（装丁、本文）　野呂英成（本文）
名称・所属は一部を除いて2018年1月末日現在のものです。
成績、配当は必ず主催者発行のものと照合してください。
本書は「馬券本」ではなく「競馬論」の本ですが、
考え方などを参考にする際には、
馬券は自己責任において、購入お願いいたします。

第1章

唯一無二の競馬スタイルをつくれ

唯一無二の、競馬スタイルのつくり方

自分だけの、唯一無二といえる競馬スタイルを構築するには、どうすればいいいか。

まず、最初に僕の競馬のやり方を披露したい。参考にしてみてほしい。自己紹介替わりにもなるはず。そして、いきなり役にも立つ。

では、行こう。これが、僕の〝履歴書〟だ。

僕の場合。

まず、そもそも「競馬予想」が好きではない。「予想」という言葉が好きではないし、「この馬とこの馬、どちらが来るかなぁ」とやるのも効率が悪い。そもそも、1レース、1レースという、レース単位ごとに馬券が売られているのは主催者側の都合だ。

なので、僕は「レース単位」ではなく「馬単位」で馬券を買う。

わかりやすく言うと、「このレース、どの馬が勝つかな」ではなく「この馬、どのレースで来るかな」と見る。横の比較から、縦の比較に変換することを提唱してきた。

これが、「馬単位」というスタイル。

必勝法とかじゃない。ただの「スタイル」。

そのおかげで、待っていた馬が、待っていたレースに出てきた時だけ買う。

相手は見ない。

買う馬は1頭しかいないわけだから、おのずと、単勝か複勝。つまり単複。

そのため「本命」とか「対抗」とか、ニジュウマルとかいう概念もない。

待っていた「買う馬」が、1頭いるだけ。それだけ。

この、馬単位で馬券を買うというスタイルの根源は、〝上質なものだけ〟をチョイスして買うという感覚だ。

競馬に対して固執している部分はない僕だが、自分の生き方において、「上質を少しだけ持てばいい」というスタイルは持っている。それを競馬に投影し

ている。

つまり、これと真逆のスタイルが、散らかすように3連単やWIN5を買うような行為、となる。WIN5というものを、僕は一度も買ったことがない。買い方も知らない。

競馬はギャンブルではなく、スポーツという側面が強いと思っている。

そして何より、「競馬とは、男の眼力証明の場」「馬券とは、金儲けの道具ではなく、男の眼力証明書」という概念を提唱してきた。

だから、オッズも見ない。

自分が単複を買った馬が1番人気でも10番人気でも、あまり関心がない。

眼力証明。そんな、知的推理ゲームなのだから、「好走」＝「正解」となる。

馬券というものは基本、3着以内でなければ紙クズとなるが、それもJRAが決めた線引き。そういうレギュレーションがあるだけで、僕にとっては3着も4着も同じく、ただの「好走」。

よって、ゴール際で「残せ」とか「差せ」と叫ぶことも、ほぼない。

この10年で「差せ」と叫んだのは（というより、言葉を発したのは）、ナカヤマフェスタとワークフォースの、凱旋門賞での叩き合いくらいしかない。

言葉を発するとすれば、4角で「あ、勝った」と言うことはある。好走ほぼ確定と思った時に、たまにこれはやってしまう。

「予想」という言葉を使わないぶん、「見解」という言葉を使う。

また、1頭1頭を分析して調べ上げる作業を、「精査」と呼ぶ。

予想ではない。見解と精査だ。

競馬好きな人に、「こっちの馬の方が来るんじゃないの～」などと気軽に声をかけられることもあるが、それに応じることはない。

競走馬の特性を精査することは、れっきとした特殊技能だと理解してくれている人の聞き方にしか、応じない。

僕にとっての「競走馬精査」とは、時間も集中力も費やす、崇高なもの。

特に大袈裟に崇めてもらわなくてもいいが、崇高なものだとわかってくれない場所、時間、そして人と、接点を持つことはない。

知的推理ゲームなので、その正解を導き出すために、俗に言う〝歯に衣着せぬ〟文章を本の中に散りばめることもある。

辛口な言葉を散りばめることを望んではいるわけではないが、僕にとって競馬は「〝見抜き〟の知的推理ゲームであること」が最も大事。よって、そういった文章を放つことで、自分が人から好かれたり、嫌われたりすることには、まったく興味がない。

レースの正解は、基本、「理屈」で見透かせる。なので、競馬とは、理屈で見抜くものだ。

現場主義の競馬の世界で、この発言はあまり好意的に取られることはないだろう。

現場に聞きに行ってこそ、レースに役立つ答えが得られる、という声もあるだろう。

また、そこをファジーにしてあげることが、競馬における、発信のビジネスだという側面もあるだろう。

それらは否定しない。

だが、何度か、そういった競馬の世界特有のどうでもいいカルチャーにつき合おうと無理をしてみた結果、それでは、仲間意識のようなものも芽生えるため、あまり正確な競馬の見立てができないとわかった。

なぜかというと、「単なる理屈」の方が、正しい見立てを繰り出せたからだ。

僕の目と耳が作り物だったら、溶け込めたのかもしれないが、違うからできない。

そういったことから、その〝長く続く流行りの行列〟に並ぶことは遠慮している。


現場で、生の競馬に触れることでしか得られないものがある、というのは当たり前だと思う。だが、そこで得られるものは、「隙のない見解」ではなく、「真実」や「真相」。

僕は、真相にそれほど興味がない。そして、「現場でしかわからない」という言葉は、この100年ほどの近代競馬の世界で、鸚鵡《おうむ》がしゃべるように語られてきた台詞であり、当たり前すぎて口にする気にならない。


作家という外側の視点で、競馬をテーマに長く書いている。17年ほどになる。

デビュー当初はわかりやすく「〇〇予想」といったタイトルの著作もあったが、最近ではあまりない。自分のスタイルが固まって以降はない。

17年の間、キャッチコピーから『カネ』と『儲かる』という言葉を取り除くことを徹底してきた。

間違えて付けられてしまった1冊を除き、40冊以上の著書、すべてから外してもらってきた。儲けなくていい。好走すればいいのだ。


競馬のセオリーについては、20代の頃に研鑽を積んで磨き上げたものがある。

一朝一夕にできた思いつきではない。

それを使いこなせるように、知識ではなく、日々、感性を磨いていくことを重要視している。そのため多くのジャンルの人間と語ることを、怠っていないつもりだ。

競走馬の成績や、馬券など、競馬に関することは

「半年」や「1年」というスパンで見る。1回1回の馬の成績に惑わされることはない。

一喜一憂しない。口癖は、「1年後にわかるよ」。


書斎派だ。「書斎で競馬の何もかもがわかる」ことはないが、「書斎でわかることの何もかもだけで、競馬は十分に楽しい」がモットー。常にファン側の視点に立つ。


競馬を「上」から見ている。

上から目線ではない。単に、真上から見ている。すると、競馬の世界を俯瞰《ふかん》できる。

牧場という〝厨房〟で仕上がった料理を、調教師というウェイトレスが、上手に運んで循環し、回しているることを感じ取れる。

たとえば、「現実的に今の厨房の比喩がどこまで正しいか」、などはどうでもいい。

感じ取れさえすればいい。


感じ取れたら、馬券で表現できる。それが答えとなる。

よって、必要なものは知識量ではない。感性だ。


悪く言えば淡泊。よく言えば……。と、自分をよく言える言葉が見つからない。

とにかく、競馬に対して執着がないのが特徴。

17年間、競馬書籍という媒体にある、ギスギスしたギャンブルの空間というイメージを、少しでも変えたかった。

一見さんのファンも、若いファンも、とっつきやすいものにしたかった。

そのためには、競馬には、ギャンブルではなく、スポーツだけでもない、「男の眼力証明の場」という〝第三意義〟が必要だと思った。

競馬本の棚に、少しでもクリーンなものを並べたいという理想があった。若い時は、特にそれが強かった。

こんなところだ。

自分に取り入れられるところがあれば、取り入れてもらってかまわない。

だが、そうではなく、発想の転換をしたり、競馬の世界の本当はヘンなところ、効率の悪いところ、やり方の改善点などを、自分でも見つけ出してみてほしい。

おのずと、唯一無二の競馬スタイルが、でき上がっているはず。

では、本書の最初の最後に、僕が「読者のあなたのお役に立てることは何か」を書こう。

この本を読み、いくばくかでも吸収し、チャンクダウンをしてもらえれば――。

あなたの目は肥える

競馬好きな男、そのステータスが上がってしまうほど、一流の競馬ファンとして

メソッドなんか捨ててしまえ

テレビを見ていると、よく討論番組などで、教師の体罰がありかなしかを議論する光景を目にする。

そこでは、「殴るしかない」とか「殴った方がわかる」とか、ムチャクチャな体罰容認論が出ることがある。

一発を許可したら、阿呆な教師が二発三発といくことは目に見えているし、まず、その一発で大ケガしたらどうするの？　と思う。

だが、一部で「厳しい体育会系を知っている方が、社会に出てから役に立つ人が多い。学校時代から理不尽さを経験しているから、社会の理不尽さに耐性がある」という論調もある。

これは一理ある。殴ってくる先輩さえいなければ、先輩が多少理不尽なことを言っている状況を経験している方が、世の中に出てから役に立つ。世の中は理不尽だからだ。

ただ、それよりも何よりも、次のような感性が育てられるのがいい。

メソッドだけでは、目標は達成できないことがわかる

世の中は、メソッドだけでクリアできるほど、そんなに甘くはできていない。

練習して、自分の感覚を磨いて、そのうえで「型」を覚えていくこと。その道の途中にちょっとしたメソッドのようなものがあるのかもしれないが、それは「練習している中で」しか意味をなさないということ。体育会系の子は、そのことを、身をもって知っている。

昨今、『5分でできる○○』とか『1日一回で人生が変わる～』といった謳い文句の、いわゆる〝メソッド本〟が増えた。

競馬の世界は特に顕著だが、ビジネス書からダイエット本、スポーツの本まで、こういったテイストの本が、わんさかある。

この手のメソッド本が好きな人は、そこから何か得るものがあったのだろうか。僕にはわからない。

僕は、競馬において、特別なメソッドのようなものを持ってない。

競馬論を書いているのに、だ。

それなのに、競馬でプラスになる年がけっこうある。

そんな僕がやっていることは何か。

それは、メソッドづくりになんか目もくれずにやる、「スタイルの確立」である

馬単位で、「このレースどの馬が来るかな、ではなく、この馬、どのレースで来るかな」と、〝待つ〟姿勢。

必然の好走だけを見つめ、偶然の好走を無視する、姿勢。

単複で1頭の人馬と自分が一緒になる、という、姿勢。

週末に競馬にかかり切りになるのではなく、木曜日に最終確認が終わっているという、姿勢。

姿勢。そう、スタイルだ。

僕の本は、実は競馬本ではなく、生き方とスタイルづくりの本。

自分のスタイルを整えると、勝手に競馬に強くなる、という本だ。

僕は予想家ではないので、実は、プラスにすることにそれほど固執していない。

若い駆け出しの頃は、年間プラス収支にけっこう凝っていた。それは、そこに凝らなければ競馬の書き手として失格だと思っていたからだ。

「競馬の見解の文章づくり」は、高度な作業だ。AIでも、そうやすやすとは、精度の良いものはつくり出せないのではないか。少なくともAIを駆使するであろう、ホリエモンこと堀江貴文さんは、今もスポーツ新聞紙上で、自分で競馬の予想をしている。

僕は人工知能ロボットの専門家ではないが、AIは、いわゆる「状況把握による手の打ち方」では人間以上。将棋や囲碁の世界では、すでにプロの人間が続々と負けている。

だが、競馬は「4角、この状況です。では、ゴールでどうなるか検討してください」という競技ではない。

馬が走り、馬の上に人間が乗っていて、そのサジ加減で結果は変わるし、何より囲碁や将棋と違い、「スタート前に見解を出して」おかなければいけない。

話を戻せば、今でも僕は、競馬を「年間トータルで……」と、〝年間〟という単位で見ているし、なんなら、「年間収支プラスの年が増えればいいな」

とは思っている。

とはいえ、そこは控除率20％前後のギャンブル。胴元に勝つことに、妙に躍起になることはない。

ただし、自分の競馬との向き合い方、つき合い方という、スタイルを磨くことだけは怠ってはいけない。そうすれば、勝手に競馬に強くなるのだ。

メソッドより感性。それがわかれば、目が肥えてくる。

見解も肥えてくる。

少なくとも、「今の自分」以上には。

控除率20％の土俵で、勝ちに固執しない

日本の競馬において、馬券で「勝てる！　勝てる！　勝てる！」と豪語する人は、まっとうな感覚だろうか。

「勝てる」の定義を変えろ

「解析ができている、見解が正しい」

——それを「勝っている」とすることだ

僕はこう思っている。

僕が買っている単複馬券は、控除率20％（還元率80％）。その他の券種は70〜77・5％）の土俵だ。

馬券なんか、トントンか、トントン少しマイナスくらいでかまわない。

その中で、年間収支プラスの年が何度かは出てくる、そんな状態にある僕やあなたは、十分凄いし、素晴らしいと。


単行本などでは、タイトルを大きく見せるために、編集者が「勝てる」とつける。

競馬書籍を多く執筆する作家になって、約17年。最初にも書いたように、著作のカバーで、「カネ」と「儲かる」というキャッチフレーズをつけることだけは、徹底して拒否してきた。

若い頃など、そのせいで、何冊の企画が潰れてし

まったのかわからないくらいだ。

だが、僕は書店の競馬書籍の棚を、少しでもクリーンなものにしたかった。そういう理想があった。だから、最も強く、それを貫いた。

しかし、さすがに「勝てる」までは拒否できない。

そして僕自身、勝つことを目指してはいる。

だが、僕の担当する部分、つまり執筆する「文章」の中では、〝メソッドで簡単に勝てます〟とか、万馬券がどうこうといった言葉で射幸心を煽ることはない。

なぜなら、控除率20％の土俵に、絶対に勝てる方法などあるわけがないし、簡単に勝てる方法も、あるわけがないからだ。

多少は効率よく勝てる――。そんなセオリーがあるだけだ。

競馬は「男の眼力証明の場」であり、知的推理ゲームだ。

ともに、分析をすることで、遊ぼう。

ともに、見解の正しさを研ぎ澄ませ、男の眼力証明を愉しもう。

「超強」という幻想

僕と、一般的な競馬ファンには、「心理状態に大きな違いがある」と感じる。

昔からあったが、今もそう感じる場面は多い。

例を出そう。

２０１７年、レパードS。

このレースは、ダートの新星、エピカリスの復帰戦となった。

レース前、周囲の人たちから、次のような、まったく同じ質問をされた。

「エピカリスって、やっぱり強い？　それとも実は弱い？」

強いか、弱いか。

二択かよ、という話だ。

とにかく〝極端〟なのだ。カチコチの思考なのである。

「普通」という選択肢はないんですかと、いつも思う。僕はこう答えた。

「超強ではないけど、普通に強い。まともなら、普通に勝ち負けじゃないかな」

すると、とても残念そうな顔をされる。

その時に、わかった。

競馬ファンの多くは『極端な結果』を求めている。心の奥底では、「エピカリス、やっぱり強いぶっちぎり」か「エピカリス惨敗、大荒れ」であってほしいのだと

だが、僕には競馬に対して「こうあってほしいという願望」は、何ひとつない。

競馬に固執していないからだ。

だから、「自分は買わないけど、普通に強いから、GⅢくらいなら、なんとか勝つか、2~3着とかじゃない?」という、普通の回答ができるのだ。

「エピカリス大惨敗、大荒れ」であってほしい人は、単に馬券好き。高配当好きなのだと思う。これは、僕とは人種が違う。ここでは置いておこう。


問題は「エピカリス、やっぱり強いぶっちぎり」と思ってしまう人の本質だ。

これは、〝すがり〟である。

大企業なら潰れないと、無思考な男。

恋人や妻にうっとうしがられる、ひっつき男。

ひとりの時間を大切にしない、孤高感がない男。

だから、いざという時、エピカリスにすら〝すがって〟しまう。

なんとなく「すごく強そう」に見えて、これにすがることで、安心をしてしまう。

わかるだろうか。

こういったところから、男論こそ、競馬に強い男にとって最も大切な要素だとわかる。

ライフスタイルと競馬は、必ずリンクする。


エピカリスがベルモントSで勝ち負けしてきたなら、さすがに「超強」かもしれない。

だが、UAEダービーを2着になっただけだ。

UAEダービーなんて、条件馬のユウチェンジで3着できるレースなのだ。好走しやすい海外ダート重賞として有名だ。

国内では無敗の3連勝とはいえ、ただのオープン特別であるヒヤシンスSの着差はそれほど大きくはなかった。着差がつきやすいダート競馬なのに、だ。

そもそも、競馬は「ある程度強い馬」が、勝ったり負けたりを繰り返すスポーツ。

〝超絶に、僅差〟

これがオープンクラスの、競馬の本質なのだ。

つまり「超強い馬」なんて幻想。オルフェーヴルや、シンボリクリスエス、ディープインパクトやキングカメハメハなどの「超強」は、5年に1頭。

ならば、5年に1頭クラスだと判明してから買えばいいだけだ。


エピカリスは、直線で囲まれ、不利があってあまり追えずに、3着に敗れた。

1着馬のローズプリンスダムは展開に乗じてきた馬だが、大きく突き抜けており、エピカリスが追えていても、おそらく2着だった。勝ててはいない。

つまり、2着か、3着だった競馬。そう、競馬が僕らに出した答えは「エピカリス、弱くはないけど、普通に、ソコソコ」だ。


もうひとつ、好例を。

2017年、エルムS。テイエムジンソクという、ダートの新星が出てきた。

大沼S、マリーンSと、北海道のダート1700mのオープン特別を、驚くような強さでぶっちぎって、連勝している。

マリーンSでは、僕も初めて単複を買って、勝たせてもらった。

そして、このエルムSでも、2回目の単複を買った。

その時、知人が僕にこう聞いてきた。

「やっぱり、テイエムジンソクは強いよね」

僕は答えた。

「ん、ふつーにね」

友人が続けた。

「やっぱり、負ける姿は想像できない?」

全然。まったく。想像つきます。

僕はため息をつきながら答えた。

「いや、だから、ふつーに強いから、1着か、2着か3着には来るんじゃない?」

もう、ちょっと話すのが面倒くさくなってしまっていたのだ。


ここでは、この件を正確に説明しよう。

テイエムジンソクは、クロフネのダート馬らしい、いい馬だ。

確かに強くなっていた。だが、メタクソに強くなっているわけではなく、少し実力が伸びたという程度。

そこに、「今季絶好調」という、ちょっとした調子の良さも加わっていた状況。

さらには、この「北海道のダート1700m」という舞台がかなり合っていて、適性が高かった。

だから、「弱メン相手のオープン特別なら、簡単にちぎれてしまった」。

そして、〝あのくらいのちぎり方で挑む「同距離オープン特別圧勝のGⅢ」〟なら、多くの場合、しっかりと通用することは、僕は過去の無数の事例から知っている。

ただし、今度はGⅢ。ダートの猛者たちが出てくる。

チャンピオンズCや、フェブラリーSをバリバリ戦い抜いて返り討ちにあってきた、骨のあるダートのオープン馬が出てくる。

だから、ラクには勝てない。

そういう意味で、「僅差の勝利か、ナイスファイトの2着か、踏ん張り切ってなんとか3着か」というイメージで単複を持っていた。

実際には、さらに細かく見立てており、このレースの前年に、「マリーンSぶっちぎり→エルムSダントツ人気ながら3着まで」という、まったく同じような状況下で挑み、走りっぷりを見せてくれたモンドグラッセとの比較もしていた。

この時、モンドグラッセは、ダントツ人気ながら、やはりGⅢでは相手が骨っぽく、3着確保が精一杯だったはずだ。

そして、僕の感覚では——。

「テイエムジンソクは、昨年のモンドグラッセよりチョイ上。さらに過去の似た例ではエイシンモアオバーに似ているがこれよりだいぶ上。つまり、おそらく、1着の可能性ありの、2着争い前後」

そんな見解だった。

結果は——。

テイエムジンソクは、いつものしっかりした先行の取り口で競馬ができつつ、最後は、これまでとは格が違う相手の粘りや、ロンドンタウンの強襲に遭い、かなり苦しくなりながら、2着。

僕は、ギャンブルや馬券がそれほど好きではないので、オッズは見ないのだが、1・5倍の大人気を背負っていたそうで、そのせいなのか「テイエムジンソク敗れるー‼」というテンションの実況が展開されていた。

複勝は110円。僕の単複はチョイ負けだったが、それはどうでもよいことで、見解は完璧だった。そんな一戦だ。

たまたま複勝が110円でチョイ負けだっただけ。300円くらいの時もあり、その時は勝つわけだが、そこでイチイチ、勝ったからどう、負けたからどう、いうことはない。

ちなみに僕が、この馬の単複を次に買う機会があるとすれば、次のタイミングか。

『チャンピオンズCからの復帰戦』、『2018年大沼S』、『2018年マリーンS』『2018年エルムS』『2018年みやこS』。このあたりになるだろう。

もし、成長力に衰えがなく、好調を維持できていたら『2018年もGIのチャンピオンズCで』というのもありだが、それは期待しすぎかもしれない。

いずれにしても、「超強」という幻想にすがってはいけない。

敗者は「買う理由」を探し、勝者は「買わなくて済む理由」を探す

今の僕は、年間トータルでのプラスが、2年に1回くらいだ。

控除率20％・還元率80％のギャンブルとしては、上出来と思う。

上手くいくと、3年のうち2年プラスで、合計ではプラスなんてこともある。

僕が、馬券が上手いか下手かは自分ではわからないが、ここでは仮に僕がいくばくか上手いとして話を進めると、下手な人との決定的な違いは、ただひとつだ。

僕は迷った時、買わない理由を探している
下手な人は、迷いながら、買う理由を探している

下手な人は気がついていない。

馬券なんか1円も買わなければ、回収率は100％だ。極論だが、そういうことなのだ。

だから週末は、競馬以外に遊び行く場でも持てばいい。〝男は100歳活動時代〟――活動のコミュニティはいくつ持っていてもいい。

競馬には、競馬以外の能力が必要。

「週末に競馬しかすることがないから、買う理由を無理矢理探していて、だから競馬に弱い」のだ。

競馬以外に、他にするべき楽しいことがあったら、ギャンブル中毒者でない限り、買うかどうかで迷ったら買わないと思う。

そして、控除率20％という土俵の上に立つには、「やめる能力」が最も重要だ。

競馬は今、指先ひとつで馬券が買えるようになった。

馬券の売り上げが微増しても、競馬場の入場動員数がそれに比例して増えていないことからもわかる

だろう。

そのぶん、スマホとテレビの前から動かない、週末のテレビ男や、競馬引きこもり男を増殖しかねない状況となってしまった。

あなたは、そうなってはいけない。

まず、他の予定を入れてみよう。

友人とちょっと遊びに行くとか、馴染みの喫茶店で人と語るとか、その程度でもいい。

要するに「外で他のジャンルで遊ぶこと」と「競馬から離れること」。


それだけで、ウジウジ感はスカッと消えて、木曜日の見解づくりの時間も、正確なものへと、ブラッシュアップできる

さて、稀に、次走で買おうと待っていた馬が土日で4頭くらい出てくることがある。

「4頭も買うのか……」と、億劫になるというか、憂鬱になる。

控除率20％の土俵の上で遊ばされながら、4頭も買ってプラスにするなんて、難解すぎるなと苦笑いをする。

「買わないなんて本末転倒！ 毎週競馬を楽しんだうえで、どう勝つかです！」みたいな言葉も、巷にはたくさん溢れているかもしれない。

もし、そちらの方が正しいと思えば、僕ではなく、そういう発言を支持してほしい。

そういったものを、正しいとか、競馬を愛しているとか思える感性であれば、僕の本は読む必要はない。


重要なことは、競馬のセオリーを磨くことではなく、男を磨くこと。

自分で「自分は検討をしている」と思い込んでいる時間は、実はただの無駄で、他のことをやっている方が、競馬力に結びつく。

そのためには、他のジャンルでいろいろな人と触れ合い、活動をし、ダイナミックに遊んでいればいい。それがそのまま、競馬の眼力を養うことになる。「競馬の、無駄な部分」「競馬の、明らかに世間一般とは違うヘンな部分」が、考える間もなくわかるようになるからだ。これ、ヘンじゃん、と。

　本項は、本書で最も大切な話をした。


　話を戻すと、たまに「馬券を買うのを我慢ができない」みたいなことも耳にする。

　ギャンブル嫌いな僕は、これには驚いてしまう。

　僕は「馬券を買うのを我慢できない」という感性は持ち合わせていない。

　むしろ、「どんどん馬券を買っている自分の姿」を周囲に晒《さら》すほうが、我慢できない。

　どんどん、買うのをやめよ。

「どんどん買う」のをやめるんじゃない。

　どんどん、「買うのをやめ」よ。

競馬の「楽しさ」とは、『推理』と『見解』

「土俵には金が埋まっている」

　先代の若乃花が、親方になってから力士を励ます意味で使った有名な言葉だ。

　では、あなたが毎週末立っている、その土俵には何が埋まっているだろうか。


　馬券。それは、控除率20%という土俵だ。

　正確には「控除率20〜30%、還元率70〜80%」となるのだろうが、ここではひとまとめにして、「控除率20%の土俵」という表現で話を進める。

　買えば買うだけ、こちらが不利。買えば買うだけ、主催者が勝つようにできている。

　だから「買わないこと」が最も有利。

　そこまでは、あなたはすでにわかっているはずだ。

　では、この超絶不利な土俵に乗って、競馬を楽しむうえで、いったい何が「競馬の楽しさ」なのだろうか。時折、ふと、そんなことを思う。

その話をもう少しだけ続ける。

競馬の楽しみ。それは「人それぞれ」でいい。

人それぞれでいいが、あえて「競馬の楽しさは何か」という問いに〝正しい解答〟をつけるとすれば、それは「自分の推理や見解が正しかった瞬間」だと思う。

そう、やはり『推理』と『見解』となる。

競馬は推理小説のような、知的推理ゲーム。

僕は、これが正しい姿だと信じている。

だから、馬券が当たることを、重要視していない。

だから、見解が当たることを、重要視している。

僕は、「競馬をギャンブルではなく推理ゲームだと思っている」→「目的は馬券ではなく分析・解析」→「週末は別なことをしている」→「馬券はよほど見抜けた馬がいる時に、解析の証明代わりに買う程度だ」。

一方、「競馬はギャンブル」→「目的は馬券を当てること、だから躍起」→「週末は馬券を買うことだけが楽しみ」→「だから馬券はある程度買うし、買わない週末はない」という人。

どちらが馬券に強いか。

答えは明白だろう。

結果的に、「馬券はどうでもいい」という僕の方が、なんぼか馬券が当たってしまうという現象が起きてくるということだ。

僕は月曜日にレース回顧と今後の狙い馬の見定め。木曜日には、その今週出てくる、待っていた馬のチェックという作業をやっている。

月曜日は競馬雑誌を読み込み、ここで、レースVTRチェックも1時間取る。

この時、週刊誌は、メモを取るのと同時にわりと速読で読むのだが、「引退馬一覧」のような箇所だけは、1頭1頭、丁寧に読むことにしている。

競走馬として産み落とされ、名を付けられ、登録をされたすべてのサラブレッドたちに敬意を表するためにそうしている。

無駄な競馬コラムなどを一切読まなければ、それくらいの時間は取れる。そしてその方がよほど有意義である。

僕はこれを15年間、毎週かかさず、続けてきた。

常に気分次第の生き方をしている男なので、毎週、この引退馬全頭の名を読む作業は、そのうちやめるかもしれない。だが、この気分は、競馬をやっている限り続きそうだ。

そういう気がする。

余談だが、「お疲れ様」と書かれた引退馬一覧には、先週も載っていた馬が、また掲載されていたりすることがたまにある。いなくなる馬のことなんかどうでもいいんだなと呟き、雑誌を閉じる。

火曜日は人生論エッセイなどの執筆。水曜日が休日だが、稀に作家教室の講師の仕事をしている。

木曜日になると、セオリーの修正をかけながら競馬ノートづくりに1時間、待っていた馬の総確認に2時間、レースVTRチェックに2時間くらいかける。

これで精査・分析の作業は終わり。

結果、馬券を買わない週もある。基本的に、目的が「馬券」ではなく「分析」だからそれでもいい。

土曜日は出かけているため、競馬を見ることはあまりない。土曜日に競馬だけして過ごすなんて愚の骨頂。もっともっと人と語れる、楽しい場所へ出かけていればいいのだ。

極論だが、土曜日まで競馬に噛りついていると、競馬力が高まらないともいえる。

日曜日は競馬を1時間だけリアルタイムの生中継で見ながら、そのまま夜まで競馬の原稿を書く。

正味、月・木・日と、週に3日間ほどを、競馬に捧げていることになる。

日曜の夜には、土日ぶんのレースVTRをまとめて見る。1時間くらいだろうか。

こういったスタイル。すべてを真似する必要はないが、少しでも取り入れていけば、自分を高めることができる。


例えば——。2017年、マーメイドS。

アースライズという馬の単複を買った。

条件戦の1000万を勝った直後で、形のうえでは昇級戦だったが、オープン好走歴と、僕が絶大な信頼を置く「GI出走歴」を持っている馬だった。

5番人気だったようだが、オッズに興味がない僕は、人気のことはレースが終わってから知った。だが、僕の見解を支持して単複を買った周囲の友人は、レース前からソワソワ。

5番人気馬の複勝が、ずいぶんと欲しかったようだ。


レースは、中谷という騎手が、中団のインで流れに乗れて、4角の動作もかなり素早く、上手いこと馬群を捌き、上位へ食い込んでくれた。

周囲はレース前に、「中谷、GⅢで上手く乗れるの?」と言っていたが、僕は「大丈夫」と言い切って、安心して見ていた。「大丈夫」の理由は、本書を最後まで読めばわかる。


直線はインから抜群の抜け出しとなった、このレース。

しかし、最後の最後は、3~4着争いでフィニッシュ。

ハナ差で……3着か、4着か、という状況だ。

周囲は「頼むー! なんとか3着でー!」と叫んで

いる。

3着でも、4着でも、見解通りの好走なのに。

3着でも4着でもどっちでもよい僕は、自分の見解が正しかったことに満足し、テレビのスイッチを消した。

これが、『馬券が当たることを重要視していない、見解が当たることを重要視している』というスタイル。

僕は本当に、自分が単複を買った馬が、3着でも4着でもかまわないのだ。

10着とかの大敗だと、何かセオリーが悪かったかな? と修正材料を探す作業をしてみるが、3着か4着かは、騎手の下手乗りを除けば、ただの運でもある。

3着争いで好走してくれた＝見解は合っていた。

だから3着でも4着でも、まったくかまわないということだ。

僕は、たまに、こんなところからも人間観察をして競馬力を見る。

自分の単複の馬が4着だった時に、声のトーンが上ずっていたり、口数が多くなったり、イラついていたりする人を見ると、競馬力の低さがわかる。

馬券は、「一喜一憂せず、3着か4着あたりを、年間を通じて繰り返していくこと」が大事なのだ。見解が間違えてさえいなければ、また同じパターンを買えばいいだけなのだ。

わかるだろうか。

4着以下を外れとしている人は、『見解』ではなく『馬券』を欲している

3着も4着も同じくただの好走で、大きな大敗だけを問題視している人は、『馬券』ではなく『見解』を重視している

そして、競馬力が年間を通じてハイレベルでいられるのは、後者の方だ

隣にいる知人が言う。

「アースライズ、5番人気じゃなくて、6番人気です」

人気に興味がないから、よく、間違えながら書いてしまうのだ。

馬券を重視していないから。見解を重視しているから。

レース後、周囲は僕に言う。

「あやうく、4着に落ちるところでしたよね、危なかった。良かったですね」

「どっちでもいいです」

わかるだろうか。


たまたま、『3着だと的中、4着だと外れ』という線引きなのだ
3、4着争いでフィニッシュの時点で、もう『見解』としては『正』なのだ

もし、14着とかだったら、見立てやセオリーを見直せばいい。

あなたが立っている馬券という名の土俵には、「カネ」は埋まっていない。

あなたの見解は正しかったですよということを証明するチケット。そう、あなたの知性のカケラが、そっと眠っているだけだ。

昔はこうだったと、言わない

「昔もあった」「昔からあった」

この、ふた言。言ってはいけない。

「昔はこうだった」という昔話を、世の中、誰も聞きたくないのはわかるだろう。

人とは、昔話より、今を楽しくする話に惹かれる。

だが、〝今、新しく出てきたモノ〟を、「こんなの昔もあった」で済ませると、「細やかな違いを見立てることができない男」になっていってしまう。

もう気がついているかもしれないが、僕は競走馬を、過去の似た例と比較する見方をしている。数年前にいた、○○に似ている、と。

（これがもし、白黒時代の競馬のサラブレッドを、突飛に例として出したりすると、ただの〝知識ひけらかし〟になるから注意したい。知識はいらない。知識なんかググればいいだけ）

重要なことは、どこが、どう似ているかという「見立ての精度」なのだ。

なので、僕は、この「過去と比較をする」という見立ての中で、単に「○○と似ている」というひと言だけでは済ませない。細かく見立てる。

たとえば、こう。

「5年前にいたAに似ている、だが、パターン的にはあの時よりは○○○、成績的にも○○○といった状況、○○より、やや下だ」

「○○に似ている」——そこに合わせて「○○よりやや上」「○○よりやや下」。

こうと見立てる。

前者では『比較対象を選ぶセンス』が必要で、後者では『的確なジャッジ』が必要。

そのセンスとジャッジの証明は、レースの結果で出るわけだ。

例を出そう。次に挙げるのは、2017年秋という段階での見解。

「ソウルスターリングは、ファインモーションに似ている」

「牡馬相手のGIでは戦えない、ただの牝馬。力はややファインモーションの方が上」

「マスクゾロは、フィフティーワナーに似ている」

「フィフティーワナーよりやや下だが、ほぼ同じ実力」

どうだろうか。

3歳で挑んだソウルスターリングの毎日王冠と、4歳で挑んだファインモーションの毎日王冠の負け方はほぼ同じだった。

ともに、「なんの疑いもなく『牡馬と戦える』と思い込まれて、勝手に1番人気に祭り上げられ、〝牡馬から逃げるようにして逃げの態勢〟に入りながら、惨敗」。


手前味噌だが、僕はこの毎日王冠では、レース前の段階から、ソウルの比較対象として、「ファインモーションである可能性」を予感していた。

そして、そういった、牡馬と戦えない牝馬であるかどうかというのは、「レースに行ってみなければ絶対に判別不能」で（調教とか、それまでの戦績からは見えない）、かつ、多くの場合、「1回やればだいたいわかる」ものだ。

なぜか。


能力の問題ではないから。

精神状態の問題だからだ。

こういった牝馬が、牡馬と複数回ぶつかり、〝慣れ〟によって「牡馬ともGⅠで対等に戦える精神状態の馬に変貌する」という例は、とてつもなく少ない。


どれくらい少ないかというと、この10年でショウンパンドラくらいしかいない。

それくらいの少なさである。

ちなみに、こういった牝馬としか戦えない牝馬が、牡馬と戦える時は「慣れてきて別定GⅡくらいはなんとか」（ファインモーションの札幌記念）や、「男の子と一緒に走る時間が短い短距離GⅠ」（ファインモーションのマイルCS2着）くらいしかない、となる。

つまり、ソウルスターリングにも、毎日王冠一発で、そういった未来予測が成り立つわけだ。マイルGⅠなら、少しは牡馬とも戦えるかもしれない。

一方、マスクゾロはローマンルーラー産駒（その父はフサイチペガサス）。

似ていると取り上げたフィフティーワナーは、フサイチペガサス産駒。こちらについては、後ほど。雨の日のお話にて、くわしく。

ここで重要なことは、「昔もあった」とか「昔にもいた」ではなく、その昔の似た例と、今の例には、〝どんな些細な違い〟があるかということ

「昔もあった」「昔からあった」。

超大雑把な、このふた言。

男であれば、言ってはいけない。

競馬力向上に必要な「音」の制御

２０１７年、福島テレビオープンで、マウントロブソンの単複を買った。

９ヵ月ぶりの出走。しかもＧＩという大舞台帰り。

ということで、たっぷりと心身が休まっていて、リフレッシュされて有利。

出ていたＧＩから見ると、格が３段階落ちと言える、たかが「オープン特別」である。

あとは、初めて買う馬なだけに「おかしな馬」（気性難とか、よくわからない行動をする馬だとか）でないことだけを確認できればいい。

そこで、戦績を調べてみる。

すると、この馬が「おかしな行動」をしたのは、ただ一度だとわかる。

日本ダービー→セントライト記念という、ＧＩ帰りで格落ちのレースになる有利な復帰戦なのに、ちょっと大きめに負けた（悪い着順に負けた）、このレースだけだ。

つまり、このレースの敗因さえわかれば、「コイツは信用できる」と太鼓判を押せる状況だった。

セントライト記念の、考えられる敗因は3つ。

『早熟馬で、3歳春でもう終わっている』

『そもそも、もうGⅡでは通用しない』

『差し馬下手の川田が、流れに乗りそこなった』

この3点を、繊細に、細やかに見なければいけない。

細やかに見る。その時に大事なことは何か。

それは、「音」だ。

自分のいる場所の、音に敏感にならなければいけない。

僕は部屋の中を完全無音にして、集中してセントライト記念のレース内容を中心に、精査の作業に入った。それは僕にとって、やはり、とても崇高な時間だ。

こうして、マウントロブソンの中にある、3つの可能性を探り出す。


まず、1つ目の可能性はない。終わっている馬が次走の菊花賞で7着まで頑張れることは「ありえない」からだ。簡単にわかる原理。

2つ目。この可能性は大いにある状況だった。

3歳春はレースの格が曖昧だ。スプリングSを勝ってはいるが、〝シュタルケマジック〟といえるほど、ドンピシャ差しの絶品な騎乗だったし、古馬になったら、オープン特別〜GⅢくらいの器かもしれないと思った。

ただ、福島テレビオープンは、オープン特別。それならそれでまぁいい、とした。

3つ目。ここで、特にレースVTRを見直すのだ。静かな部屋で。周囲の音を消して——。

セントライト記念を、スタートから見る。

すると、1角の入りが〝雑〟で下手すぎて、先行できなかった瞬間を見抜いた。

ほんのわずか、小さな、小さな瞬間だが、明らかな〝突っ込み遅れ〟で、この馬がスプリングSでやっていた競馬を、「やろうとして、できなかった」。

こうなると、レースが一気に「差し馬の川田」に切り替わる。

先行馬の川田は後手に回るミスをする確率、20％くらい。

差し馬の川田は後手に回るミスをする確率、70％くらい。

僕の中では、こういった見立てが成り立ち、あとは「どうミスするか」という視点に切り替っていく、そしてミスするのは、おそらくレースが流れ、動き出す個所。

つまり、3角か、4角。

結局、案の定、4角で追っつけのタイミングが遅く、プロディガルサンに、先に体半分被せられてしまい、後手に回っている姿が写っていた。

結果は凡退。やや、脚が余っている。進出のタイミングがスムーズだった場合、3着までの上位進出があったかどうかは微妙だが、本当は4、5着くらいはあったとわかる。

要するに「ヘンな凡走ではない」とわかる。

まとめると、「この馬は、これまでにヘンな凡走をしたことがないんだな」とわかり、信頼して買うことができるとわかったわけだ。

重要なことは、レースVTRを細やかに見ること。その時に、静かな部屋であることはもっと重要。

BGMもいらない。BGMをかけてテンションを上げてから、静かにして見る、というくらい、音に敏感になってほしい。

ドアを閉める音や足音など。

そういった「生活音」には、人の感性を弱めてしまう不快さが潜んでいる。

過敏になる必要ないが、そういったことに気を配ってほしい。

そうでなければ、繊細な仕事はできない。

見解づくりは、崇高に

競馬の見解づくりをしている時間は、将棋の棋士の「長考」と同じだ。

見解づくりや、精査、分析の作業にしっくりくる言葉は「シリアス」「繊細」「崇高」など。

だから、「音」が重要と書いた。

プロの棋士が長考に入った時に、話しかける人間はいない。

ましてや、それをチャカしにいく人間など、まずいない。

ところが、競馬の場合は違った。

特に資格などがいらない仕事だからだろうか。

僕が、駆け出しの20代の頃などは、競馬の見解づくりをしていると、周囲にいる競馬好きから、平気で「こっちの方が来るんじゃないの〜」といった、野次やチャカシが入った。

言っている側に悪気はなくても、〝コイツは俺と同じで、競馬を楽しんでいる奴、週末の競馬が楽しみで仕方がない奴なんだ〟といったテンションの声かけは、僕を傷つけた。

修行僧のような日々だった。武士と表現してもいいかもしれない。

まるで滝に打たれるように、競馬の視点の持ち方を探し、見方を鍛え抜き、セオリーに磨きをかけ、その精度を上げていった。1日10時間ペースの勉強を積んでいた。

２００２年。アローキャリーが勝つことになる、桜花賞の前日の夜。不眠で、どうにも眠れなかった。

忘れもしない。翌日、周囲のノーテンキな競馬好きな者から、こう言われた。

「桜花賞が楽しみすぎて、寝られなかったんじゃないの？」

〝楽しみすぎて〟

まるで、ワクワクして寝れなかったかのような言い方だった。

自分のやっていることをバカにされたようで、その日から体調が悪化した。

競馬＝楽しい。そんなノーテンキな概念は、僕にはなかった。


20代。まだ若かった。誰よりも競馬を、いや、競馬を分析して精査する作業を、卑下されることを嫌ってきた。ほどなくして、過敏性大腸炎を発症した。

僕は、休養に入るのではなく、週末に競馬を見ないという方法で回復を試み、その状態から脱することができた。

少し名が売れて、著書が調子よく出始めた、2005年。

ラインクラフトがNHKマイルCを勝った日。

なぜだか、この日をよく覚えている。


僕は、周囲の競馬好きの者に近づきたくなくて、気軽に声をかけられたくなくて、ひとりで、近所のダイエーの中にある喫茶店にいた。

カフェマニアなのに、当時、僕が逃げ込んだのはダイエーの喫茶店だったなんて、なんだか面白い。とても苦しかった。あの日々は。

競馬の時間が終わると、事務所に寄り、家に帰る。そんなことを繰り返していた。

競馬でワイワイガヤガヤしたい人と、少し距離を取ると、胃腸の調子も治った。


僕の真似をする必要はない。あなたには、楽しく競馬をやってほしい。

だが、見解づくりの時間だけは、プロにとっては崇高なことなんだと思って、やってみてほしいと思う。

そしてプロの男は気高く、一歩も踏み込まれたくない、指一本触れられたくない、そんなレベルと濃度を求め、少しでも隙のない見解を、今日も導き出している。

あなたにとって競馬は、日常から解放され、ラクな気分になる、娯楽だろう。

僕にとって競馬は、ラクな日常から切り替えて臨む、崇高で気高い、精査の領域。

ラインクラフトがＮＨＫマイルＣを勝った、あの日。

北海道全土で、凄くどんよりと、曇っていたのが印象的だった。

そして、僕の競馬作家生活の17年は、なぜか、曇りの日ばかりだったような気がする。

今の僕は心が強くなった。とても打たれ強くなった。個人主義。無の境地。パンク一筋。バカは無視。雑音無視。よって、ストレスフリー。

10年前の僕に言いたい。

大丈夫だよ、おまえ、ちゃんとやれてるぞって。

業界の知己。瑞風。そんなもんの吹かせ方まで、今はもう、なんもかも知ってるよって。

外国産馬の父を解明する方法

音。そう、もうひとつ、「周囲の音」という点でクローズアップすると、「雨の日」というのは、競馬の分析や精査をするのには、すごく良い環境といえる。

先日、ある雨の日に喫茶店にて、友人に、知らない外国種牡馬の産駒が出てきた際の見抜き方を指南した。

外は雨。純喫茶。そういう日は、競馬の話に適している。

「90年代マル外ブームほどではないけれど、ここ数年、けっこう知らない外国種牡馬の仔が、オープン馬になってきていて、その時、扱い方がよくわからない」

こんな相談ごとだった。

ついでに、こうも聞かれた。

「シリウスS。昨年の覇者、マスクゾロはリピートランを決められる？」

僕の答えは「うーん、微妙」。


ローマンルーラー（マスクゾロ、サウンドガガ）。ハーランズホリデイ（アルビアーノ、エスメラルディーナ）。ファストネットロック（メラグラーナ、ブラヴィッシモ）。

第二次外国産馬ブームなど、あるわけがないが、バイヤー心理として、「ハッキリ言ってもう日本馬の方が強いのだけれど、そろそろ、たまに外国産馬を買ってみるのもいいかなぁ～ブーム」くらいの時期にはあるかもしれない。

また、単純に、ディープインパクトを中心としたSS系種牡馬につけられる牝馬を買ってくる流れの中に、たまたま強い馬もいた、ということもあるかもしれない。

いずれにしても、そこそこ、出てきている。「オープンでバリバリ戦えていて、かつ、父親は、しっかり調べないと得体の知れない外国産馬」が。


こんな時、どう判断するか。

僕のやり方をお教えしよう。

ローマンルーラーを例にしてみたい。

まず、「マスクゾロってリピートする？」について。

微妙、としか答えられなかったのは、マスクゾロは確かに一般的には「好走時」と言えるパターンだったから。

ケガ明けで、1年ぶりのレースながら前走のBSN賞ではしっかり2着。しかも「二番手からの競馬ができて、逃げなくてもいい」と判明。

状況は良かった。普通の馬なら。

だが、この種牡馬的には、どうかな……と思った。それが「微妙」という言葉になった。

では、その「得体の知れない外国種牡馬」の紐解き方について説いていこう。

まずは、その馬の父の父を見ることだ。

すると、マスクゾロの父、ローマンルーラーの父親は、フサイチペガサスだとわかる。

では、フサイチペガサス産駒の特徴はどうだったのか。

僕の中では、フサイチペガサスといえば最良駒、フィフティーワナーのイメージが強い。彼の特徴はこうだ。

「軽快なスピードのダート馬。逃げ切り連勝期間などがある。競馬をこなしていくうちに、二番手からでもレースができることが判明してくる。つまり、一介の逃げ馬ではない。しかし、二番手からでもOKな一介の逃げ馬ではないことが判明する頃には、ハナを切るほどの勢いがなくなっているわけでもあり、落ち目である。つまり『短い旬』がある産駒が多い種牡馬」

これがフィフティーワナーの特徴にして、フサイチペガサス産駒の特徴でもある。

これと、ローマンルーラー産駒の成績や走りと〝重ね合わせて見てみる〟のだ。

すると、サウンドガガという牝馬が、フィフティーワナーと同じように、逃げて連続好走して一気にオープン入りできた時期があり、そこから半年後には、逃げなくても競馬ができることがわかり、しかしその頃には勢いが落ちてきていて、「リピートランできるはずのレースで、できなくなってしまった」とわかるような成績だった。

成績を見直してみてほしい（交流重賞を除いて）。

勝ったオルフェーヴルCと、京葉Sは名前が違うだけで、同じレース（中山ダート１２００ｍのオープン特別）。ここはリピートしていい条件だが、勢いが落ちていて、7着に沈没してしまっている。

フィフティーワナー（フサイチペガサス産駒）と、サウンドガガ（ローマンルーラー産駒）が同じ特徴で、マスクゾロ（ローマンルーラー産駒）が同じでないわけがない。


いや、走り方自体が、すでに似ているなら、成績も似てくると見るべき

これは、ファストネットロック（その父はデインヒル）などにも当てはまること。

わからない外国種牡馬の際には、父の父の代表産駒を見る。

ぜひ、覚えておいてほしい見方だ。

雨の喫茶店でこんな話をしていると、珈琲が運ばれてきた。

乾元からなる雨雲の循環のように、血統もまた循環し、僕らのもとへ戻ってくる。

精査の時間を、さらに気高く

「木曜日は話しかけることもできない……」

競馬物書きには、そう言われている人が多い。

〝ガチの分析家〟と呼べる洞察力を持つ書き手の話になるが、家族や、担当編集者ですら、木曜日だけは話しかけられないという雰囲気になる者が多い。

かなり有名な話だ。


これは、競馬の分析、洞察をするのは、主に木曜日の夜であることが多いからである。

前項にて、分析や洞察、見解づくりの時間には、「繊細さ」と「音」が大切ということを記したが、他にも必要な要素が2つある。

それは「崇高」であること。

そして、「気高く」あること。

それが、木曜日であることが多いため、「木曜日になると話しかけることもできない……」となるのだ。

たとえば——。

２０１７年９月26日の木曜日。

僕は、週末のスプリンターズＳに出るレッドファルクスの精査をしていた。

スプリンターズＳで有利になる定石のひとつに『春からぶっつけで出てくる王者』というのがあり、「ぶっつけで出てくるならば買おう」と思って、待っていた。

その最終チェックだった。

状況は、人気を無視する僕でもわかるほど、「１番人気になるのは確実な馬」だが、「怪しまれつつの１番人気にしかならない馬」でもあった。

「芝かダートか」「１２００ｍの方がいいのか、距離はどこでも同じか」「左回りがいいのか右回りはこなせるのか」

いくつか、不確定要素のある王者でもあったからだ。

中でも、「回り」だ。

『左回りの方がいいが、昨年のスプリンターズＳを勝っているように、右回りもこなせるはず』

こなせるはず。

つまり、こなせる程度。

これは、レッドファルクスの調教師の発言だが、世の中の大方の見方でもあったと思う。

だからこそ、成績が崩れない王者ながら、１倍台のダントツ人気にならず、３倍台だったのだろう。

右回りを怪しむ人はいたと思う。

僕は、木曜日の夜に、待っていたレッドファルクスをそのまま買うのかどうか、レースＶＴＲを精査し〝そこ〟の分析と再確認をしていた。

これまでのレッドファルクスのレースＶＴＲをじっくりと見た。

その間は、無音である。

誰からの声かけも許さず。

無音という空間に、気高く、身を沈めていく感覚なのだ。

この際、重要なのは、「数字」ではなく「感覚」である。

そして2016年、コーラルS（右回り・4着）と、2016年欅S（左回り・1着）のレースVTRを見直した。

（そもそも右回りで走っている回数自体が少ないため、「本格化直前で同距離」だった、この2つのレースに着目した）

かたや、得意と言われる左回りで、1着。

かたや、こなせる程度とされている右回りで、4着。

何度も、何度も、レースの末脚を見る。

次に、目を閉じ、その末脚を残像の中で重ね合わせるようにして、見る。

僕の出した結論は――。変化なし。

サウスポーと言われているが、左回りで末脚の質が上がっているということは、まるで感じ取れなかった。

医者が、診察室で検査結果を見て、「大丈夫、変化は認められません」と告げるのと同様に、レッドファルクスに対し、そう断を下した。

そこからさらに、念入りに、精査をする。

かつての好例となるサウスポーホースと比べるのだ。

僕の場合、このケーススタディだと、ツルマルボーイをモチーフにする。

この馬は、誰がなんと言おうと、サウスポー。それも、「サウスポーの究極形態」と言える馬。左回りになるだけで、〝強烈に上質な、突き抜けきる末脚〟に変貌を遂げる馬だった。

ここと、比較をする。

これが「過去の例と比較をする」という技術だ。

どの馬と比較をするか、引っ張り出す例のセンスが、そのまま競馬力のセンスとしてしまっていい。

レッドファルクスの場合、「スプリンターズSぶっつけの王者」という点だけ見れば、アドマイヤコジーンやトロットスターと比較するのもいいだろう。だが、それだけではなく、ファクターを「左回り」というところへ移動し、ツルマルボーイという、あえてまったく無関係の中距離馬と比較すると、見立てが、よりハイレベルなものに仕上がっていく。

左回り。ツルマルボーイの2002年金鯱賞と、レッドファルクスの2016年CBC賞。

右回り。ツルマルボーイの2002年宝塚記念と、レッドファルクスの2016年スプリンターズS。

末脚の「質」と「突き抜け感」。僕は『ツルマルボーイの末脚は右回りの宝塚記念で落ち、レッドファルクスの末脚は右回りのスプリンターズSで劣化なし』と判断した。

3日後の日曜日。見解は正解だった。

思えば、子供の頃から、自分の聖域に遊び感覚で入ってくる輩《やから》とは仲良くできなかった。

卓球選手だった少年時代。

練習中、遊びでピンポンをやらせてくれよと割り込んでくる同級生が、あまり好きではなかった。今は卓球チームの監督をしているのだが、その点は変わらない。

卓球は、今ではれっきとしたスポーツとして認知されているが、競馬の分析家、解析家といえるほどの目を持つ者たちの「真剣な精査」は、今でも、一般人の競馬の予想と同じように扱われ、かつ、誰にでもできる趣味の延長のように扱われるフシもあるだろう。

僕は、そうした風潮とは一切関わらない。

レッドファルクスとツルマルボーイという具体例を出したせいで、話が少し逸れてしまったか。

だが、木曜日の夜、いや、別に金曜日の夜でもいいのだが、見解のために分析や精査は、崇高で気高く、近寄りがたい領域となるくらいでちょうどいい。

この世界には、優れた精査に専念し、どんな騎手や関係者の太鼓も持たず、懸命に分析の作業に没頭している者もいることを、ぜひ知っておいてもらいたい。

フラットを超えた高みの領域

無関心、無感動。

数年前に、ちょっと話題になっていたフレーズだ。確か、「今どきの若者は」的なノリで使われていたはずだ。

響きがいいね、この言葉。意味は悪いけど。

さて、僕はサラブレッド、特にオープン馬の特徴や走り時を、精査する作業が得意だ。

いわゆる「競馬予想」はしないが、魂を削るようにして深夜に行なう「見解づくり」は、好きと言えば、好きだ。


ただ、ここがヘンなところなのだが、「馬券」というものは、特に好きではない。

根っからのギャンブル嫌い。麻雀はルールすら知らない。パチンコ屋に入ったのは人生で高校1年の時、2回のみ（時効です）。競艇、嫌い。競輪、嫌い。とにかくギャンブル嫌いな人間で、ご多分に漏れず、馬券も好きではない。

ただ、競馬の見解をつくる、という知的推理ゲームの、答え合わせの証明書として、馬券を買っている、というだけだ。僕の話は、このへんで。


ここまで何度も書いてきたが、「競馬が好きで執着していること、競馬に依存していること、そして、競馬が大好きであること」が、実際に競馬がよく見抜けていることには直結しないということだ。

好きこそものの上手なれ、という言葉は、競馬や馬券には当てはまらない。

わかるだろうか。

人間には「向き・不向き」というのがある。

控除率20%という土俵でも馬券に強い人は、馬券にあまり執着心がないであることが多い。これは競馬だけの話ではない。「好き」より、「向いている」が、強いのだ。

僕の場合、誰のファンでもない。誰のアンチでもない。

JRAに言いたいことも何もない。

日々、日本の競馬に、非常に満足している。

あなたは、競馬ファン。馬券も好きかもしれない。なので、僕のように馬券に無関心な領域まで入る必要はない。多少はアツくなる時があってもいいだろう。

ただし、眼力を高めたければ、フラットな視点で見ることだけは怠ってはいけない。

特定の騎手や、特定の馬にヘンに入れ込んだりすると、自分の中で平等に扱えず、眼力が落ちていくのは、誰にでもわかる論理だと思う。

フラット。それだけは意識しておくといいだろう。好きな騎手なども、いない方がベストだ。

僕はもう、ハナ差の3〜4着争いでも、「ふーん」。それがハナ差凌いでの3着で、大きな複勝が的中しても「ふーん」としか言わないことが多い。意識はしてない。無意識でそうなる。

唯一感情が出てしまうのは、馬が故障した時だけだ。

走りたくもないのに走らされて、こんなつらい目に合わせてしまってつらいなと、悲しい気持ちになる。馬券が外れて悔しい気持ちになることはない。

もう、あまりに自分の馬券の的中・不的中に関心がなさすぎて、時々、「俺は少しどうにかしている、バカなんじゃないか」と思うことがある。しかし。

熱量は、眼力にならない。

温度差は、見立てにならない。

クール？

クールじゃない。フールだ。

負かせる人気馬、負かせない人気馬

そもそも論として、競馬が好きで馬券も買う人の多くは、「人気馬にビビっている」か「絶対強い人気馬に逆らいたくて仕方ない」という心理を持っている。

そして、そのどちらもが、競馬に弱い。

もっと言うと、その思考、視点、そして性格が、すでに競馬向きではない。

2017年、函館記念。

サトノアレスという馬が1番人気になっていた。

僕に言わせれば、前走が走り時だっただけに、まさに〝負け駒〟である。

勘違いしないでほしいのは、「走り時」の概念も、みんな間違えている。

走り時というのは、「なんとなく走りそうな時」ではない。

それは、「走り時」ではない。ただの「勘」だ。

走り時というのは、「オープン馬が走るメカニズムに合致している時」と解釈してほしい。

すると、オープン馬が走るメカニズムって何？となるわけだが、その答えは「当たり前に考えたらわかること」としか言えない。

そして多くの競馬ファンは、「当たり前に考えたらわかる見方」ができていない。

なぜか。

「外で多くの別ジャンルの人と語り、触れ合う」という、人間として当たり前の習慣ができていないからだ。

たとえばあなたが、テニスが趣味だとする。

全国大会から帰ってきた、地元の地区大会で一番の選手と試合をし、コテンパにやられたとする。

すると感想は「やっぱり全国に出る人は凄いなぁ、この人が全国だと1回戦負けだなんて、とんでもない世界だな」となるはずだ。

すると、わかるのだ。

GⅡ4着から、GⅠの皐月賞に挑み11着。そのサトノアレス様が3階級落ちで、オープン特別に戻ってきたら、超ラクだろうなと。

つまり、巴賞で買うということになる。

そして次走の函館記念の時には、今度はこう思うのだ。

「サトノアレスは、今度は1階級上がる、GⅢくらいなら格的には耐えられるはずだけれど、今度は相手も全国大会（GⅠ）でバリバリやってきたヤツら（タマモベストプレイ・ヤマカツライデン・サクラアンプルール）が、格2枚落ちで出てくる、巴賞とは様相がまるで違うな」と。

そして、上から降りてきたタマモベストプレイあたりにも、ラクにヒネられ（先着され）るのだ。

結果。サトノアレスは、ド人気で沈没。

沈没というか、普通に着拾いくらいとなった競馬だった。

タマモベストプレイは、16番人気で2着だった。

好騎乗で2着に来た！　と言われていたが、確かにうまく乗ったとはいえ、僕に言わせると、この馬は、何度やっても2～3着争いまで来ていた。まさに必然の好走だ。

GⅠでバリバリやり合ってきた、経験満点の「フジキセキ産駒のトライアルホース」が、単に「自分の庭」に戻って来ただけだ。

僕はこのレース、こちらも「格上（GⅠ）から降りてきた」サクラアンプルールの単複で外したが、狙い方としては完璧だった。このバットの振り方で、何も問題はないわけだ。

これが、競走馬が走るメカニズム。

というか、単純な「世の中の現実」である。

もうひとつ。「絶対に強いとわかる人気馬に、逆らいたくて仕方ない」という心理の人も弱いと書いたが、こちらはひと言で説明がつく。

「サトノダイヤモンドに対し、無理やりGⅠに出てきた条件馬で戦いを挑む」ようなタイプの人だ。

これはもう、単に「無理ゲーすぎる」のひと言である。

「競馬は何が起こるかわからない」？

その言葉は封印。だって、それを言ったら、なんでもありになっちゃうからね。

こういった人を、競馬の世界では「穴党」と呼ぶらしいが、僕の世界観にはそんな言葉は存在しない。皆無だ。競馬はギャンブルではないからだ。

そもそも、本命、対抗という概念すらない僕には、穴という概念もない。

まとめると、そのどちらもが「世間知らずで競馬の世界しか知らないから、競馬に弱い」ということになる。キツイ言葉だが、そうなる。

ちなみに僕は、これまでにサトノアレスを買ったのは2回だけ。

朝日杯FSと、巴賞の2回のみ。

強さに序列をつけること。

他のスポーツでは当たり前の感性を、持てているかどうかだ。

競馬の感性は夜に磨かれる

競馬の見解づくりは、夜中の2～3時がベストだ。

男のクリエイティビティは、この時間に倍増する。

『歴史は夜につくられる』という有名な格言がある。

これは本当のことだ。

「歴史に重大な影響を与えるような相談は、夜半に人知れず男女によって行なわれている」という意味だが、男女の色恋ウンヌン以外でも、それは当てはまる。

物づくり、創造――。その中で、後世まで影響力を持つような作品は、夜に生み出されていると僕は確信している。

ここだけの話。

競馬の事例を吸収したり、週末に向けて、待っていた馬の近走を細部までチェックし、なんらかの決断（本当に買うのか、それともやめるのか）を下す一番のコツは、「夜中の2時くらいにその作業をすること」だと、もう確信している。

これは、単なる夜型、朝型という話ではない。

男が、孤高の時間を持っているか、平々凡々でいるかという、とても重要なところにつながっていく。自分をブラッシュアップするという点でも、最高の行動習慣だ。

まるで、若者向けビジネス書のような内容になってしまったが、これは特に若い人にだけ向けて言っているわけではない。男という生き物に語りかけている。

明日の自分を変えよ、と。

さらに、ちょっとした副産物も生まれる。

週末の朝、早く起きられなくなるのだ。

これで午前中の競馬を見なくて済む。

これが最高。

午前中の競馬など、未勝利や500万のレースばかり。自分の一口出資馬でも出ていない限り、余興に過ぎない。

これにより、完全なメインレース派になれる。

早起きは三文の徳、という嘘がある。

早起きすると、夜中の2時前後という、男がひとりで生産性を高めるのに最も適した、クリエイティビティの上がる時間に、グースカ寝ていることになってしまう。

〝ゴールデンタイム〟を寝て過ごしてしまうのだ。

夜中のゴールデンタイムの生産性は、何時間早起きしても取り戻せない。

せっかくの週末まで早起きすると、朝からレベルの低いレースに興じたりして、三文くらい損をしてしまう。

明日の自分を変えよ。行動せよ。

本質を見極めるのに、データなんかいらない

あなたがもし、街で、ひとりでブツブツ話しながら歩いているアブナイ奴とすれ違ったら、「ヤッベー、この人には近づかないでおこう……」と距離を取るだろう。

この〝ヤバイ奴〟という判断を下す感性が、競馬でも大切となる。

2017年目黒記念で、ヴォルシェーブの単複を買った。

メトロポリタンS圧勝の姿を見て、「オープン特別圧勝の勢いに乗った形」だ。

結果は、しっかり走ってくれて2着だった。

レース前、コンビニの新聞立てにささっていた新聞で、こんな見出しを目にした。

『昨年、同じようなパターンでメトロポリタンSを買ってきたモンドインテロが惨敗している、ヴォルシェーブも過信禁物』

ん？　と思った。

モンドインテロなんか「ただのオープン特別大将」だと、その後の一連の重賞戦線の競馬ぶりで判明している。

この馬の一連の走りを見て、「本質はオープン特別大将だな」とわからないとしたら、競馬力が低すぎる。

しかし、焦点はそこではない。

モンドインテロとヴォルシェーブを、ローテが同

じというだけで「同じもの」として扱ってしまっているところにある。

これが、「データ」で馬券を買っている人の「弱い部分」。

なぜ、頑張り屋さんのヴォルシェーブと、手抜き屋さんのモンドインテロを同列に扱うのか。それは、「データなんか見ているからである」。

同列に扱ってはいけない馬まで、一緒にしなければいけない

データなんか見ると、そうなってしまうのだ

実は、僕、このモンドインテロに一度だけ、だまされている。

それが2016年の目黒記念だった。ボウマンが完璧に乗ってくれたのに（この騎乗については後述する）なんという体たらく、というレースだった。

腹が立つほど弱かった。

ここでこの馬は見切った。ヤバイ馬だと。

そして、2017年の目黒記念では、ヴォルシェーブの単複を買った。

わかるだろうか。僕やあなたの見解がおかしいのではない。メトロポリタンSを圧勝して目黒記念にぶつけることがおかしいわけでもない。

このパターンで出てきて、完璧に乗ってもらったのに大凡走した、モンドインテロがおかしいのだ。

ちなみにモンドインテロは、完全なオープン特別大将。これからもオープン特別なら勝つだろう。

そして、1つや2つくらいなら、重賞も勝つかもしれない。

重賞で3〜5着くらいに来る力はあるから、無事に何度も出走していれば、他の馬が伸びなかったら〝間違えて勝つ〟ことはありえる。

ただし、これまた焦点は〝ソコ〟ではない。

これまでに繰り返された「重賞人気での凡走の山」に、つき合わずに回避できたかどうかが重要。それは、いち早くこの馬の本質まで見抜き切っていたかどうかの差なのだ。

日本人騎手とパンドラの箱

週末にテニスや野球をしていたら、苦労しているセミプロや、二軍の選手がいるとわかる。その選手のことを調べていたら、生活するのがやっとの賃金（当たり前のこと）だとわかる。ちょっと、応援してみたくなる。

そうすれば、ＪＲＡのケイバガッコウとやらを出た、世界的五流の騎手集団はどうなのかなという視点で見るようになる。

すると、この下手で弱い集団の下位の者が、ウン千万円稼いでいる阿呆な賃金体系だとわかり、冷める。

他のスポーツなら、下手だけど愛着が湧いた、と

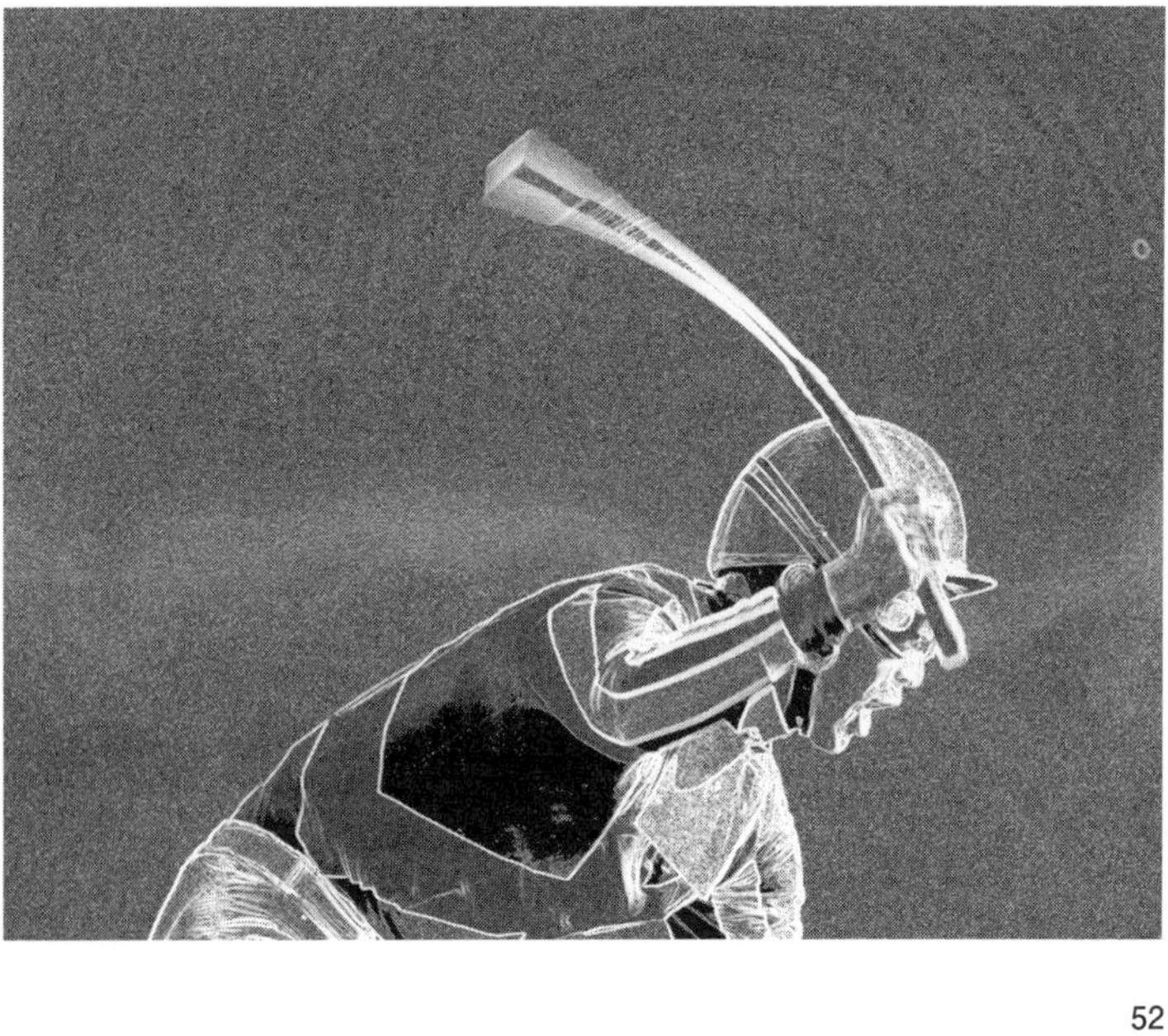

いった具合で好感を持ったり、応援することもあるだろう。

しかし、他の世界を知れば知るほど、ＪＲＡの騎手、いや、特に「下位騎手たち」の賃金体系はオカシイナと、わかるようになる。これでは、競争原理が働かないわけだと。

ＪＲＡに言いたいことも何もないと先に書いたが、ここだけはヘンだ。

そして身内主義。競馬学校は合格が狭き門だが、「騎手である前に、ひとりの人間でありたい」とか、そんな甘えた発言が、溢れ返っている。

なぜかＪＲＡの騎手や調教師の息子たちは多く合格し、それが騎手となる。いや、正確には「騎手」と呼ばれてしまっている。

騎手の名前が、木幡木幡木幡木幡木幡、横山横山、菊沢菊沢。

なんだかもう、歌舞伎か何かですかという話だが、よほどのバカでない限り、まさか歌舞伎（芸能）と騎手（スポーツ選手）を混同して、同じようなものだとは思わないだろう。

下から這い上がらず、頑張らなくてもいい賃金体系。

そして、身内を優先的に騎手にしようとしているとしか思えない合格の窓口の狭さ。

なぜか、外国人騎手に筆記試験を課し、通年免許を簡単には許さないという、世界で唯一のガラパゴスジョッキー競馬国。

以上の3点により、この間違えたシステムでつくられた騎手たちを応援などしてはいけないとわかる。なんだか逆に、「応援していい理由」がない。

これは、まっとうな感覚を持った人間であればわかることだ。

浮世離れした賃金形態。自ら既得権益にしがみついて、開放しない、つまり外的と戦いたくない、闘争心もない者たちとわかってくるはず。

なんだかまるで、高額賃金形態を妬んでいるような書き方になってしまった。

だが、僕は、生産的なこと以外でギャラをもらうのは、あまり好きではない。

よって、僕がなりたくない職業のかなり上位に、自分を鍛え抜くことを怠れる環境の「ＪＲＡの学校騎手」というのがランクインする。

「その箱の中で、自分をストイックに鍛えている」というのは、ただのゴマカシにすぎない。

自分を鍛えたいなら、全面開放。

ただただ、ただただだ、全面開放。

解放し、激しくぶつかり合い、戦えばいいだけ。

外国人騎手の免許取得を自由にし、その箱を開けるべきだ。

そう、まるでパンドラの箱のような、その箱を。

必然だけを見ること、偶然には関わらないこと

必然。

そして必然的な好走とは『競走馬が走る原理として、まっとうな理由があること』だ。

競馬においては、とにかく必然だけを見ること。

それが何より大事だ。

また、それと同じくらい大事なことは「偶然の好走には関わらない」ということ。

必然だけを見て、偶然を無視して、常に「何が必然か」、そして「上位3頭の中に必然的な好走馬はいたのかどうか」という視点を持つことで、競馬力は圧倒的に高まる。

「必然の好走」というのは展開に左右されない。

もちろん、枠順にも左右されない。

ハイペースに巻き込まれて16着、なんてこともありえない。

外枠だったから16着、なんてありえない。

あるとしたら、こうだ。

ハイペースに巻き込まれたから、勝てそうだったのに5着。

外枠から流れに乗り切れなかったぶん、3着。

こういった感じとなる。

つまり「大凡走しない」と解釈してほしい。


なぜなら、走れるパターンでの出走（競走馬が走るメカニズム通り）で、走れる要素（格・距離・コース）を満たしていたら、まともなオープン馬は、基本的には「走る」。

ここでいう「まともなオープン馬」とは、「気性難ではない」と解釈してほしい。


この視点は常に基盤となる。

これもまた、競馬ばかりやっていたら見えなくなることであり、他のスポーツでも何かひとつやり込んでいたら、実は簡単にわかる原理だ。

「ラケットをメチャクチャに振ったけど、入っちゃった一発」と「正しく振って惜しくも入らなかった一発」。前者が偶然、後者が必然。

そして、正しいのは必然。

続けていると〝いいことがある〟（連続してしっかり入る）のも、必然の方となる。


展開なんか見ない、ということも、凄く大切だ。

「そもそも展開なんか見ていない」ということは、「どんな展開でも今回はファイトできる馬」を見ようとしている人だからだ。

そして「どんな展開でも今回はファイトできる馬（特に3着以内）」は、「必然的に走る馬」だと言えるのだ。わかるだろうか。

展開を見ていない人――。

正確に言うと、「展開に乗じて一発！」みたいな馬を探していない、もしくは「展開に乗じて一発！

ハマった馬」がいても無視している、というマインドセットと視点。

それを持ち合わせている男たちを、僕は敬意を込めてこう呼ぶ。

玄人。

競馬界において最も合理的な者たちは誰か

今、世の中は、「それは古い」という言葉のオブラートが蔓延している。

そんなの古いよ、という言葉は、どの時代にもあっただろう。ピラミッドに「今どきの若者は」と書かれているのと同じこと。つまり、どんな時代にもあった言葉だ。

ただし。今、「それは古い」という言葉の多くは、「それは便利ではない」という意味で使われている。

便利ではないものを否定する時に、「古い」という言葉を、便利に用いている。

その便利追及の根底にあるものは、「自分勝手さ」だと、僕は見抜いている。

今は、便利であることが正しいとされ、便利であることだけを追求したものづくりが行なわれている世の中。だが、便利を根底に置いて、「新しい」とか「古い」とかの基準で見ると、間違える。

何を間違えるか。それは〝物事のちょうどいい速度〟である。

この〝ちょうどいい速度〟を逸脱した時、ひずみが生じ、何かが壊れる。それは、肉体かもしれないし、疲れ切った心かもしれないし、魂かもしれない。人間は、魂が疲弊したら、終わりだ。

大事なことは「便利かどうか」ではない。「新しい古いか」でもない。

「いい物」か「そうではないか」。そして「好き」か「嫌い」か。

これが何より、重要なのだ。

ただし、中には、〝間違っても好きになってはいけないもの〟もある。

たとえば、〝ちょうどいい速度より、はるかに遅いトロさ〟を見せているものなど。

ここでは、そんな話をしたい。


さて、僕は大して合理主義者ではないのだが「無駄だらけの競馬の世界、もう少しだけ合理的にやれば？」といった趣旨で書いた拙書、『合理主義競馬』は、反響も大きく、売り上げもまずまず好調だった。

いかんせん、タイトルが合理主義競馬なので、きちんと読んでもらえないと、「すべて合理主義で行け！」的なものかと、誤解されてしまいそうではあったが。


さて、日本の競馬において「最も合理的にやっている者たち」は誰だろうか。

社台、ノーザングループ？

違う。先にも書いたJRAのガラパゴス騎手たちである。

下位の者でも、高給取り。プロ野球で言えば2軍もいいところ、なのに年収ウン千万円、週休はいったい何日あるのかわからないほどで、笑いが止まりません、といった舞台に、なぜか「身内主義の学校を卒業したら、いきなり立てる者たち」である。

プロ野球なら、甲子園のような才能の篩《ふるい》にかけられる舞台があるぶん、理に適っているからまだいいのだが、JRAの騎手の場合、甲子園をすっ飛ばして、大リーグに立っているような賃金体系である。

大リーグならクビになったら終わりだが、JRAの騎手なら、しがみついていても下位にいれば、余裕綽々で、生活していくことはできる。そうとしか思えない賃金体系となっている。

外国人騎手、腕の立つ地方騎手には、なぜか筆記試験を課す。これを撤廃しないうちは、「可能な限り、このボロい箱の中には誰も入れないぞ」という、明確な意思が見てとれる。

実にボロい「箱」だ。

深い思慮なしで見れば、合理的にやっているのは、一口馬主などのシステムを自力でつくり上げた、社台やノーザンなどに見えるかもしれない。

だが、違う。

もっと合理的、というより「ボロい場」が存在しているし、社台やノーザンは、世界的に見ても大牧場として実力があるのだから、何も問題はない。

サトノノブレスがキタサンブラックをつついて、サトノダイヤモンドが差し切った、2016年有馬記念など、合理的に見えたかもしれないが、大騒ぎするほど合理的なことではない。

リアファルの菊花賞のように、逃げ~2番手の人気馬が、次から次へと、ガンガンマクられたわけでもないのだから。

あれはまさに余所者《よそもの》ルメールだからこそ、JRAガッコウ騎手の皆さんが、徹底的にマクり、苦しめようとしているのを感じた。レースVTR、必見だ。

何度も書くが、中にいるだけで儲かる「箱」の場所。JRAのガッコウ騎手。不合理的に生きている僕など、恐れ多くて口出しできないほど、彼らは実に合理的といえる。

その実力の様相はまるで、プロ野球日本ハムファイターズの斎藤佑樹投手が200人くらい揃っているかのようだ。

この鮮やかなる、ぬるま湯体質。我々ファンも、少しは見習わなくてはいけない。僕は見習うつもりはないが。

世の中には稀に、古く、良質でもなく、好きになってはいけないものがある。

90年代ガラパゴスジョッキー競馬という、悪い夢。あの騎手鎖国などは、その最たるもののひとつ。

我が国の騎手育成システムは〝ちょうどいい速度〟を遥かに下回るトロくささで、停滞したままでいる。

こういう古さは直したい。反面教師で。自分の中で。

騎手の差の大きさが見えているか

90年代に、今の、人々がスマホを片手に歩く姿なんて、まったく想像できなかった。

だが、今の競馬の外国人ジョッキーばかりが勝つ姿は90年代からわかっていた――。

とても大事なことなので、常に念頭に置いてほしいポイントがある。

ＪＲＡの学校騎手と、外国人騎手&地方騎手を見るときに重要なことは「差があること」ではない、「差の大きさが見えているかどうか」

これだ。

僕は、この差を埋めるには、ザックリ１５０年くらいかかるかなと見ている。

それくらい、腕の差は大きい。

少なくとも、今いる者たちでは埋まりようのない差である。

ただ、２０１７年競馬学校入学希望者は１４７人だったそうで、そのうち合格が7名。そしてその7名の中に､騎手の息子が何名かいる様子。身内競馬、ここに極まり。

先ほど、実力差を埋めるのに１５０年くらいかかると見立てたが、それは競馬学校の入学底辺を広く取る、という当たり前の改革がなされてからの話。

まだ、我が国の騎手育成システムは、「１５０年のうちの最初の1年目」を踏み出せないまま、才能の有無が不明な者を、わざわざ騎手にしている。

騎手の子供は遺伝的に体重が増えないから身内が多いなど、理由はあるのかもしれないが、その屁理屈は、１４７人の中からほぼ絶対に無理な奴を除いて、あとは全員入学させ、才能の篩にかける中で、辞めていってもらえばいいだけだ。

しかし、このあたりの話は、こうして例を引っ張り出していると本が一冊終わってしまうのでやめておく。そのことだけ、念頭に置いてほしい。

ここでは、少し視点を変えて、競馬学校出身がもしかすると、競馬以外の部分で優秀かもしれない（騎乗が優秀でなければ意味ないけど）という視点を持ってみたい。

吉田隼人騎手、暴力事件で、裁判。
松田大作騎手、飲酒運転で、騎乗停止。
菊沢騎手、公正競馬について業務上の注意義務を負う者としてふさわしくない非行のあった者とされ、騎乗停止。

100人もいれば、そりゃあ、行儀の悪いことの2つや3つ出てくるさ、というところだが、いやいや、表に出ていないのも含めたら、けっこうな確率になっているはずでしょう、きっと。という想像くらいはつくだろう。

勘違いしないでほしい。

僕は「腕」しか見ない。

本来、僕は、素行のことなどどうでもいいのだ。

たとえば、2017年は「ポストポンドの主戦、アッゼニが不貞腐れて帰国」という、本当か嘘かわからない、面白ニュースもあった。

もし本当なら、プライベートの僕なら嫌いなタイプ、となるが、騎乗の質の評価では、「追えてしっかり競馬に参加させることができる世界的名手」だ。わかるだろうか。

騎乗の質の見抜きに、私情や好みを絡めないこと。これが、現代の競馬物書きの、最も肝心なカナメだ。

つまり僕は、素行が良かろうが悪かろうが、「腕だけをフラットに見る」というスタイル。

だが、本項では、腕が悪くて素行まで悪くて、じゃあ競馬学校とやらが存在する意義っていったい何でしょう？　という話を、少しだけしておきたかった。

そのため、ＪＲＡの公式発表から、ここ最近の数例だけを引用して著述した。

『腕』に、話を戻そう。

２０１７年、夏。札幌で開催された、ワールドオールスタージョッキー。

単純明快なリーディング上位からの選出で、まず選ばれたＪＲＡ代表騎手が、ルメール（フランス）、ミルコ・デムーロ（イタリア）、戸崎（大井）、内田（大井）。

２０１７年、冬。ＧＩ、チャンピオンズＣはムーアが勝利。

前日土曜日の重賞ステイヤーズＳは、1着ムーア、2着ボウマン、3着シュミノー。

同日のチャレンジＣは、ミルコとクリスチャンがワンツー。

しかし、ＪＲＡ騎手の太鼓を持つ記事じゃ、「競馬学校出身者が優秀でないわけがないのでアル」と、今なお続く。

コントですか。

「北村（宏）、前、前〜！」現象

コントです。

そう、まるでコントのようなレースぶりだった。

友人に、ビジネス書の世界で10万部を突破したベストセラー書籍『たった5秒思考を変えるだけで仕事の9割は上手くいく』の担当者（馬鹿がつくほどの競馬好き）がいるのだが、僕に悲鳴のようなメールを送ってきた。

「なんであんなところで余裕をかまして構えてられるのか……」

２０１７年、七夕賞の北村宏騎手が騎乗し、インで思い切り詰まった、タツゴウゲキの騎乗ぶりについてだ。

僕は、こうメールで返信をした。

「僕の過去作を、ちゃんと読んでください」

馬群で詰まる。そのまま終わるか、ようやく前が開くのはゴール前200mというシーンが多数。私の信頼度6点（※『合理主義競馬』より抜粋）

そう書いてあるはずだ。そして、その現象は、今もなお続いている。

例えば、同じく2017年に福島で行なわれたバーデンバーデンC。

このレース。VTRを一緒に見ながら、読み進めてみてほしい。

たった9頭立ての、芝1200mのオープン特別。

騎乗したのはショウナンアチーブという馬だが、たったの9頭立てで、しかも直線はだいぶバラけていて、前には1頭しかいない状況で、前が詰まっている。

8着。馬にもそれほど脚が残っていないが、それでも一瞬だけ伸びる手応えのまま詰まって凡退している。

この光景。もはや、わざわざ詰まりに行っているというくらい、詰まるほうが逆に難しいようにすら感じる。


本書では、この後、中谷という騎手が登場する。「詰まるのを察知する力」において、この北村宏騎手とは、真逆の男だ。

言葉はキツくなるが、北村宏騎手の場合、「どこが詰まるか何ひとつ感じ取れていない」のだろう。

これはもう、逆・名人芸としか言えない。

後ろからものが飛んでくる、昭和の名物コント、志村けんさんの、「志村、後ろ！　後ろ〜！」のような状態である。

別に僕は、北村宏騎手に何の恨みもない。

下手なことを知っているから、メインレースで、そもそもこの騎手を買わないからだ。

だが、多くの競馬ファンの馬券のことを考えると「志村、後ろ後ろ～」と同じように、「北村宏、前！前～！」で、結果も見事に詰まってしまうのは、もうお馴染みの光景である。

決して、悪い例だけを挙げているわけではない。

これが、「北村宏騎手に最もよく見受けられる形」なのである。

このことは、これまでもいろいろな書物に書いてきたため、このあたりで締めたい。

僕自身、出走を待っていた馬にもし北村騎手が乗ってきたら、ほとんどのケースで購入を中止するので、特に迷惑をかけられたという思いもない。なので、フラットに見ている。

だが、こうしてあえて何度も繰り返すのは、あなたが前出した僕の友人のような失敗を繰り返さないため。

「北村宏騎手でも、なんとか乗り切れるかも」と安易に考えていないだろうか？

安易に考えるならば、「どうせ、乗り切れない、購入中止」と考えるべきだ

申し訳ないが、この北村宏という騎手の騎乗の質は、僕の見たところ、「騎手」という職業のレベルではない。

個人的には、自分が待っていた馬にこの騎手が乗ってきたら、「オープン特別まで」と決めている。この線引きは絶妙なラインだ。あなたの競馬ライフにも、取り入れていただいてもいいかもしれない。先日も、ブラジルCのサンライズソアの単複を買って、詰まらずにしっかり3着だった。

それ以外、例えば重賞では、「馬群が絶対バラける」と確信した時のみ。

僕の場合、この5年では1回しかだけ買ってない。それが、2015年ダイヤモンドSの、フェイムゲーム（1着）だった。

ルージュバックで勝った、オールカマーの4角の動作などを見てもわかる通り、騎乗の特徴はたったひとつだけ。単に〝メチャクチャ〟である。

エージェントの力の大きさなど、どうでもよい

「エージェントが力を持ちすぎている」

という、若いJRA騎手の声を、雑誌などの様々メディア媒体で目にする。

いや、若いというより、中堅騎手に多いのかもしれない。

僕は、外部から見て、こういった声とは真逆の見解を持っている。

『エージェントの力が仮に絶大だとして、それはリーディングの勝ち星数に影響が大きいだけ。メインレースやオープンのレースでの騎手の選ばれ方は、より実力主義に近くなってきている』。こう見ている。


前出したような声は、おそらく、「有力エージェントに自分が認められていない」とか、「有力エージェントと組んでもらうほど、ご自身の騎乗に需要がない」か、そのどちらかではないかと思う。

わかりやすく言うと、自分と他人の騎乗の質を、客観視できていないのだろう。

いや、客観視しているつもりでも、甘いのだろう。客観視しかしていない僕の見立てでは、「今、メインレースは、ほぼ実力主義」ということになる。

わかるだろうか。

「俺は有力エージェントと組めないから、中堅騎手にとどまっているんだ」的な主張をする騎手は、もし、自分が有力エージェントと組んだ場合、自分が上位騎手になれると思っているのだろう。

だが、現実には、おそらく「その有力エージェントが、中堅エージェントに成り下がるだけ」となるはず。

それほどまでに、僕の見たところ、今の競馬は「上のクラスのレースほど、実力のある騎手には、それなりに良さげなエージェントがついている」。

こう見ると、外部の競馬論作家である僕と、こういった中堅くらいの騎手の主張は、大きく意見が分かれていることになる。

競馬ファンは、正しいと思う方の見立てについていけばいいだけ。

そして、どちらが正しいかは、わかりやすい。

騎手は自分の職業のフィールドで、自らの今の騎手の世界の評価、実績の出し方をきちんと理解し、単に「GI、重賞、リーディングと、バランス良く勝ち鞍という実績」をさらに量産して、証明すればいいだけ。

僕は僕で、自分の職業のフィールドで、騎乗の質の差をしっかり盛り込んだ「見解と馬券」に反映させて、示していけばいいだけだ。

もし僕が、見解〝からきし〟の書き手だった場合、そもそも僕の著作など誰も読まないのだ。

本は、文章力だけでは読まれない。表現力だけでも読まれない。

僕は表現力の方を磨いてきたつもりだが、それでも、プラスアルファで馬券に通じる見立てが際立っていなければ、読んでもらえない。世の中は、どの業界も実力主義だ。

「なぜ、プレイヤーより、プレイヤーをセッティングして使う方が力を持つのか⁉」と言った騎手の声は、一見するとまっとうだが、需要と供給のバランスを考えると、実はまっとうではない。

なぜなら、プレイヤーの方が、本質的に「雇われる側」だからだ。

そして、エージェントは、牧場・調教師・馬主からの需要の声のもとに、実力のある騎手と契約を結ぶだろうから、限りなく、雇い主に近い存在。そう思わないか？

吟味され、評価され、その際に、自分のご希望通りの評価とはいかないからといって、ブツブツ文句を垂れても、何も変わらない。

もし、大きく評価されたいなら、腕を上げ、方法を模索し、さまざまなシーンで少しずつ一歩ずつ、実力を見せるしかないだろう。

騎手などは、本当にわかりやすい職種だ。低賃金だがハイレベルの、イタリア移籍でリーディング3位くらいを目指すなど、どうか。

もし、それを3年ほど継続して結果として出せたら、帰国後、注目度は上がる。

評価も上がる。乗り馬も集まる。その時に、もし乗り馬が集まらなかったら、初めて言えばいい。「俺みたいな世界的騎手に、乗り馬が集まらないなんておかしい」と。

実績ありき。作家も騎手も、どの職業でもそれは同じことだ。

ちなみに僕は、「評価」はいらない。今のちっぽけな自分に、十分満足している。

ファンの数もわずかの作家だが、編集者も作品のテイストを理解してくれて、こうして、ポツリ、ポツリと本を書き、出版することができる。

そして今、これを手に取り、読んでくれているあなたと、競馬の深堀りを共有しながら、楽しんでいる途中の時間を分かち合える、そんな実感もしっかりとある。

幸せです。

第2章

新セオリーとスーパーセオリー

日本で最も正しい、一流競走馬の「未来と完結」の見抜き方

新しいセオリーや、特別なセオリーの話をする前に、ひとつ、記しておきたいことがある。長年、僕が提唱してきた「競走馬のピークの時節」についてだ。

これを把握してもらわなければ、話が噛み合わなくなってくる。

いや、逆に、これを知るだけで、日本のG1で勝ち負けをするような一流馬たちのメカニズムは、何もかもわかる。

それくらい重要なものが、「ピークの時節」である。近代競馬のGI戦線における、ほぼ全事例の説明がつくものだ。

合言葉は「今日の調子より、ピークの時節」

では、要点をまとめていこう。

まず、ピークの見立てにおける、大事な基本は2つだ。

「競走馬の加齢の速度は人間の3〜4倍である。よって、その日の細かい調子より、パドックの出来栄えより、年間を通じて見る心身の『衰え』の方が大事」

「GIで勝ち負けするような一流馬の、アスリートとしてのピークは約2年というのが基本。そのため『今の年齢』より、『強くなってから何年目』という見方で、衰えのラインを引く」

繰り返すが、競走馬の加齢速度は、人間の3倍とも4倍とも言われている。

〝アスリート〟の世界で、人間のピークが10年ほどだとすれば、競走馬は2年ほどだろうということだ。そして、現実に、歴史はその通りに動いてきた。

一流馬の「型」は、細かく書けばキリがないが、大きく分けると3つある。

なお、ここで言う「衰え」とは、馬の「心・技・体」を指し、レースで現れる主な仕草としては「出遅れ

出す」「ズブくなる」「勝ってはいるが着差がつかなくなる」などがある。

この3つが、衰えの仕草となる。

もうひとつ加えるとすれば、単純に「負けが多くなる」だ。

■王道型

ディープインパクト、シンボリクリスエス、キングカメハメハ、ハーツクライ、ゼンノロブロイ、ドゥラメンテ、リアルスティール、ブエナビスタ、ジェンティルドンナ、メイショウサムソン、ヒルノダムール、エイシンフラッシュ、アドマイヤムーン、テイエムオペラオー、グラスワンダー、エルコンドルパサー、スペシャルウィークなどが該当。

2~3歳春までのGⅠで連対し、ピークに突入、4歳秋で完結。

4歳のどこかでしっかり上昇して、GⅠを勝ち負けまで持ってくることで完結。


5歳シーズンを、もし現役で続ければ、心身のうちの「心」か「身」が衰え、秋にはそれが顕著になる。

4歳は1年を通して、つき合うのが基本。5歳は無視するのも基本となる。

■晩成型

モーリス、サトノクラウン、ラブリーデイ、トーセンジョーダン、マツリダゴッホ、ポップロック、タップダンスシチー、メイショウドトウなどが該当。

ピークは、古馬になってGⅠを勝ち負けしてから1年のタイプと、2年のタイプがいる。

なので、初めてのGⅠ勝ち負けから、1年後に一度チェックするのがいいだろう。

サトノクラウンとマツリダゴッホは、「ムラ馬」&「気性難」がミックスされている印象で、僕は手を出さなかった。

■早熟型

マカヒキ、ディーマジェスティ、ワンアンドオンリー、ローズキングダム、ヴィクトリー、ネオユニヴァース、ヴィクトワールピサ、ロジユニヴァース、アンライバルド、アグネスフライト、セイウンスカイなどが該当。

強くなるはずの4歳シーズンで、不思議とGⅡを取りこぼしたり、GⅠではズルズル、という姿が見受けられたら、この型を疑うのがいいだろう。

近年は、ネオユニヴァース産駒に特に多い。そしてネオユニヴァース自身もこれでした。

今はその早熟度合いを、「ヴィクトワールピサ産駒の春のクラシックホース」が受け継いでいる。

4歳の途中など、早い段階で見切りをつけよう。

■成長力不足型

ナリタトップロード、エアシャカールなどが該当。

GⅠ戦線から消えるも、一気にしぼむ早熟型というわけでもなく、長くダラダラと「GⅡ大将」となり続ける。〝バランスオブゲーム化する〟という表現でもいい。

もうGⅠでは買わない方がいい馬、となる。

成長力不足型は、早熟型と一緒にしてしまってもいい。

つまり、「王道」「晩成」「早熟」と、大きく3つの型で、説明がつく。

いや実際に、この20年ほど、ほとんどの全事例が、説明がついてきたのだ。

ただし、この3つの大きな型とは、少しズレていた馬たちもいる。

それは、次の3パターン。

◆中距離を走ってもいるが、根がマイラーの馬

イスラボニータ、ロゴタイプ、ウオッカ、ダイワメジャー、エイシンプレストンなどが該当。

根がマイラーの中距離馬はピークが長い。5歳で

もよく走り、中距離では通用しにくくなるが、6歳などでもマイルGⅠでは勝ち負けまで持っていけることが多い。

テレグノシスなどは、「成長力不足×根がマイラーの馬」のミックスで、「GⅡの馬」となり、長く得意の東京コースで活躍した。

ウオッカの5歳シーズンでいうと、ジャパンカップは〝ルメールマジック〟。他はマイルGⅠしか勝っていない。というより、ウオッカの本質は「府中専用機」なので話が少し別。

◆成長曲線が長く持続する、ステイゴールド産駒

オルフェーヴル、ゴールドシップ、フェノーメノ、ドリームジャーニー。

こちらの皆さんは、2~3歳の春にGⅠを勝ち負けしていながら、5歳秋でもバリバリGⅠを勝った。

ステイゴールド産駒の一流馬だけは、成長曲線が長く、ピークの時節の見立ては通用しない。これは凄すぎる。

◆偶然にも、「ひとつ下の4歳世代が弱く、3歳のトップも出てこなかった場合に、現役を続行していた王道型の5歳秋シーズン」

これが、面白い現象。

・天皇賞秋を負け、大得意のジャパンカップを普通に4着に落とし、完全に衰えていた中の5歳秋に、なんと有馬記念を勝って現役を締めてしまったジェンティルドンナ。

その理由は、ひとつ下の4歳世代が、キズナが不在で、エピファネイアはそもそも展開が向かないとGⅠを勝てない程度のシンボリクリスエス産駒だったから。そしてあの有馬記念は、3歳クラシックホースの参戦はなかった。

・テイエムオペラオーが衰えながらも、5歳秋で、天皇賞秋とジャパンカップを勝ち負けまでもってこられた（2着）のは、ひとつ下の4歳世代がエアシャカール、アグネスフライトと歴史的に弱い世代だったから。この場合、強い3歳世代に引導を渡されるのが競馬の本流。ジャパンカップは3歳ジャングルポケットに負け、有馬記念は3歳マンハッタンカフェに引導を渡された。

この仕組み。面白い。

今は「ノーザンvsノーザン」という構図になることも多いので、3歳で超強い馬が出たら、有馬記念をちょっとした理由をつけて使わずに引っ込めて、衰えまくりの5歳となった元王者に引退レースを勝たせて花を持たせるといった現象も、やればできないことはなさそう。

だが、僕としては、その時に買うべきは「イキのいい方」をお薦めする。なぜなら、それが競馬の本流だからだ。「衰えているのに勝っちゃうかもしれない方」を買ってはいけない。必ず、隙がある。

以上だ。ダート馬については、割愛する。

ただ、この項目を締める前に、キタサンブラックについて書かなければいけない。

この馬、僕は見間違えたかもしれない。

晩成型の可能性があることを示唆しつつも、「この馬は皐月賞3着からピークに入った王道型だろう」と書いてきた。

だが、5歳の秋でもGⅠを勝っている姿を見ると、「菊花賞からピークに入った晩成型」というのが正しいかもしれない。

GⅠ連対。本来は、そこからをピークと見なければいけないのだが、いかんせん3歳春の段階で「皐月賞3着」という超微妙なラインを踏んでいる馬であるぶん、見誤った。

晩成型。3歳10月〜5歳10月くらいまでが、おおよそのピークの時節と訂正しようと思う。

ここまでが、僕が長年に渡り研究をし、提唱してきた見立てだ。

だが、今、これにズレが生じている部分も出てきている。

それが、先ほど書いたノーザンの使い分け。そこにプラスして、馬を徹底的に使わない方針でピークを伸ばそうとする新たなる型、『作為型』というものだ。

本書では、この後、そこについても書いていく。


さて、本項の最後に。僕からあなたへ、決定的な2つ質問を投げかけたい。

極論の質問だが、この極論がわかったうえで、細やかな見立てが派生していく。

そして、この2つの質問の解答は、ここでは記さない。

あなたは絶対に正解する。

正解するはずだと、あなたを信じる。

そして、競馬に弱い人の多くは、この絶対に正解できる質問とは真逆のことを、〝ことが競馬となったとたん、やってしまって〟いる。


「あなたは、今日はちょっと熱を出して体調不良だけど信頼している相手と、まったく信頼していないけど本日超元気な相手、どちらを信じ、大事な仕事を任せますか？」

「あなたは、今、ハタチでやっとこさエチオピア代表になった陸上選手と、100歳になったウサインボルトが走ったら、どちらが勝つと思いますか？」

決めつけろ、それが馬に優しいことだ

決めつけてあげる方が、馬に優しい。

だが、「決めつけないこと」を馬に優しいことだと勘違いしている人は多い。

「決めつけ」はとても大事だ。

本書では、「男は外で人と語る」ことで感性や能力が磨かれていくということをさかんに説いている

が、これとて、決めつけのひとつ。

そしてこれは、〝正しい決めつけ〟だと確信しているから、何度も書いている。


たとえば、ヨハネスブルグ産駒。

これは、早いタイミングで、『スプリンター路線に落とし込んでやる』方がいい。

ヘンにマイルもこなすからといって、ズルズルとマイル路線にしがみつくのは、あまり得策ではない。

得策ではない、と書くと、損得勘定で見ているように思えるかもしれないが、ここでは「結局、馬のためにならない」と解釈してほしい。

ヨハネスブルグの快速型なら、マイルまで走るのは2歳時までとして、3歳春からは潔く1400～1200m路線に落とし込み、クロッカスSからファルコンSを狙う。そのまま夏のサマースプリントシリーズまで落とし込んでいってもいいだろう。

馬が疲れる？

大丈夫。どうせ早熟。ヨハネスブルグだもの。妙に大事に使っても、1年後には成績は下降してしまうだろう。なら「今、使い込む」か「下降してから、使い込む」かだ。

そこも、決めつけてあげた方がいい。

結果、早めに重賞を勝てたなら、その方がプラスになる。当然、脚元が弱いなどの場合は話が別。だが、「ちょっと疲れた」くらいなら、先に使い込んだ方がいいということ。


ラングレーという馬がいる。

ディープインパクト産駒だ。強い馬ではない。

しかし、3歳時、なぜか京都コースを使ってもらえなかった。

「ディープ産駒だから京都じゃん」と決めつけてあげれば、何か一発快走して、賞金を加算、ダービーに出られたかもしれない。

高額馬なので、一口馬主となっている会員さんたちにしてみれば、ダービーに出る姿を見たくて買ったはずなのだ。「決めつけて、試してあげる」ことをしなかったから、ワクワクするようなGＩ出走がないままになってしまっている。

数年前、「サクラバクシンオーの仔が障害レースのGＩを勝った。あまり決めつけない方がいいんじゃないんですか」と発言した騎手がいた。

まさに馬に乗っている者だけが持つ感覚という名の、錯覚。

馬に乗っていると、ここまで競馬のことが見えなくなるものかと、愕然としたものだ。

障害レースの適性は、その馬個体の、向き・不向きで決まる
平地のように血統では決まらない
外から競馬を見ていたら、そんなことは、イの一番に見抜ける、基本のキだ

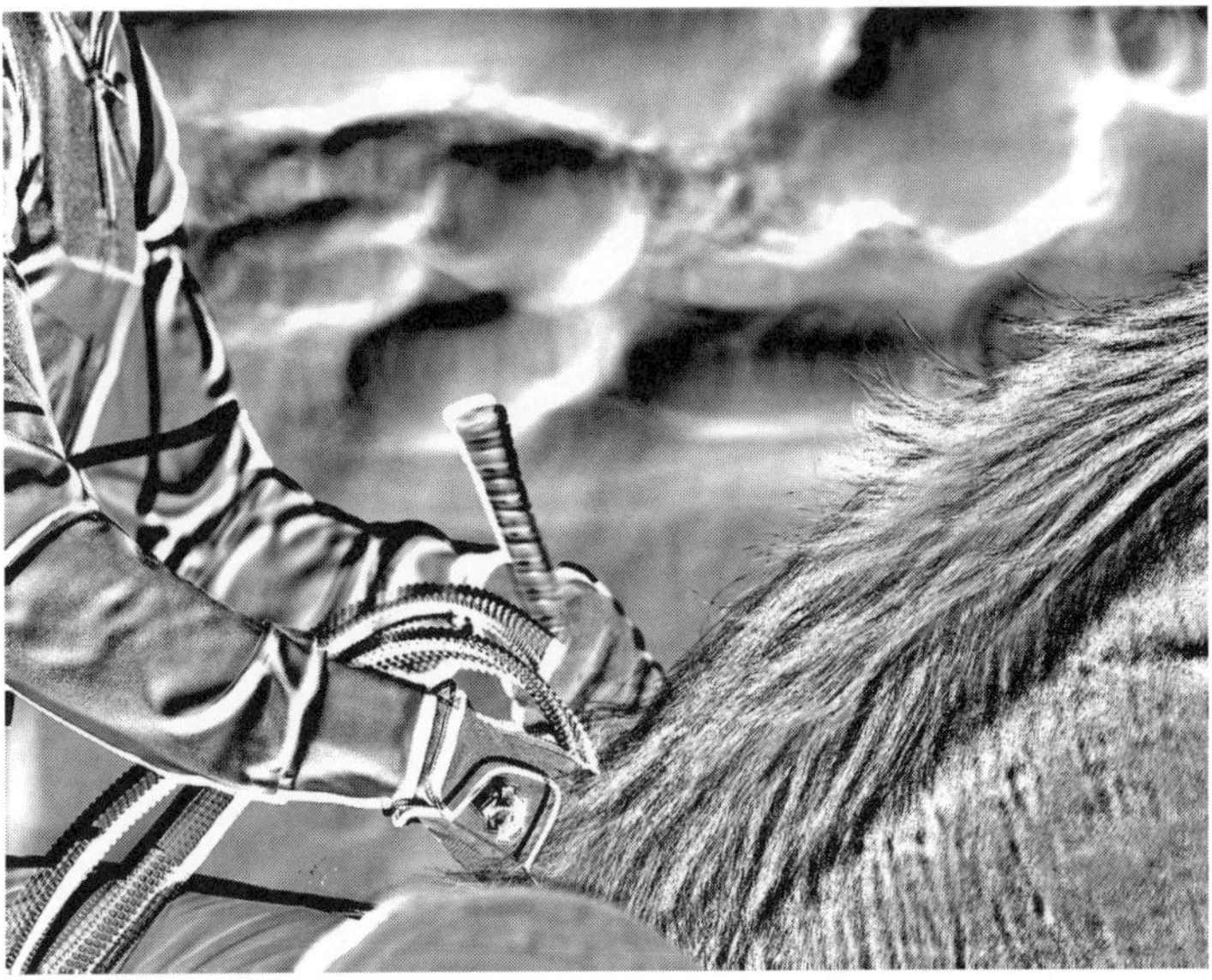

最強の競馬の見方は〃この方法〃だ

競馬の高度な視点を持つコツは、「過去に、同じことやっていた馬」や「同じパターンで出走してきた馬」、要するに「似ている馬」を探すことだ

これは何度も記してきた。

これに、もう一歩踏み込む。それは……。

過去の似ている馬の方のレースVTRも、見返してみること

これをすることで、過去の似ている例より「上」なのか「下」なのか「双璧」なのかという視点が生まれる。

そして、これこそが、競馬の見方としては、最強の視点だ。

簡単に言うと、カノヤザクラがアイビスサマーダッシュに二度目の出走をしてきた時は、「カルストンライトオの一度目の出走のレースぶり」と、「カノヤザクラの一度目の出走時のレースぶり」を見返す、といった感じだ。

僕はこういった行動を、無意識のうちに、15年以上続けてきた。

これが、自分の競馬力を増強させた、原点となっている。

2017年。TVh賞に、待っていたゲッカコウという馬が出てきた。

僕は前年、これによく似たパターン（しかも同馬主のマイネル軍団）の馬で、マイネグレヴィルという牝馬を巴賞で買って、失敗している（5着）。

しかし、マイネグレヴィルは「単騎逃げでラクをさせてもらって勝ち上がってきた馬で、1600万→オープン特別」。

ゲッカコウは「自力で動いて勝ちに行く王道の競馬で再浮上してきて、1000万→1600万」。

牝馬が牡馬混合戦でも戦いやすいのは、格下のレー

スだ。

格下のレースであればあるほど〝やりやすい〟。

僕はオープンレース主義者で、条件戦を買うことはめったにないが、自分がオープン馬だと思っている馬が出てきた場合は、1600万でも買うことがある。

このレースは、まさにそんなレースだった。

結果は4着。あえて、負けてしまったレースの例を出した。

僕にとっては、3着も4着も同じ「好走」でしかないからだ。

ちなみに、丹内騎手の騎乗で4着だった。

やや細かいことだが、鞍上が中谷だったら、3着だったはずだ。

なぜか。

その理由は、本書をもう少し読み進めればわかる。

日本競馬の新パターン『王道・作為型』は5歳秋までGIを勝てるか

さて、新セオリーだ。

今、日本に、新しい競走馬の「型」が登場しようとしている。

題して『作為型』。

これは、非常に合理的、かつ、陣営の意図が浮き彫りになるような競走馬の生涯成績の「型」となるだろう。

『合理主義競馬』という本にも書いた通り、僕は合理主義者ではない。

そのため、本項目に出てくる、作為的に（人為的に）ローテーションをイジり、競走馬の現役生活のピークの時節を、約1年くらい伸ばすようなやり方は好きではない。

僕は、無駄にまみれたものが一番嫌いだが、徹底的に合理的なものも嫌いだ。

それは、あなたと同じ、ただの普通のイチ人間の感覚ともいえるかもしれない。

では、見ていこう。


今、4歳でピークを迎え、5歳で衰えを見せる『王道型』の一流馬の、ピークに突入後の出走回数を減らすことで、現役時代を5歳の秋までにし、ピークの時節を長くするような、試みのローテーションが流行り始めている。

『王道GⅠ型』の出走回数は、「GⅠも含めた重賞を「春3走、秋3走」が基本だ。

これよりも多くなると、「成長力不足の馬」などができ上がりやすい。

近年では、「ワンアンドオンリーの3歳秋」などがこれに該当（秋は神戸新聞杯➡菊花賞➡ジャパンカップ➡有馬記念の4戦）。ピークを迎えるはずの4歳シーズンがボロボロだった。

大きなケガなどがなくても、早熟度が増し、しぼんでしまう。

3歳の秋にこんな過酷なローテをかまして、耐え抜いて4歳シーズンも成長力がうなぎ上りだったのは、シンボリクリスエスとテイエムオペラオーくらいか。つまり、化け物クラスでないと克服は難しい。


では、逆に、「春3走、秋3走より、少なかったら」どうなるのだろう。

そんな実験が、今、行なわれているようだ。
・サトノダイヤモンド（4歳春、阪神大賞典、天皇賞春の2走のみ。宝塚記念は回避で、秋はフォア賞と凱旋門賞のみ）
・ミッキークイーン（4歳春2走のみ。4歳秋2走のみ）
・マカヒキ（3歳秋、ニエル賞、凱旋門賞の後、帰国してのレースはなし。4歳春、京都記念、大阪杯の2走のみ）
・ヴィブロス（3歳秋、紫苑Sと秋華賞の2走。4

歳春、中山記念、ドバイターフの2走。4歳秋、府中牝馬S、エリザベス女王杯の2同のみ）

ありえない。

この出走回数の少なさは異常だ。「2走のみ」とか、異常だ。

ミッキークイーンは脚元の事情があったのだろうし、他の馬も諸事情があったにせよ、『いろいろと、意図的』なのだろう。

こういった馬たちは、非常に実験的で、今までにないパターンだ。

ノーザン勢による使い分けの意味もあると思う。それにしても、出走回数が少ない。

ただし。マカヒキは、おそらく早熟型か、成長力不足型。

それを隠すオブラートのような休養の長さであり、5歳どころか4歳でギブアップ。どちらかというと、ワンアンドオンリーに近い。

こういったタイプも混在しているから、とにかく、個体差をよく見ること。

要するに、何型を何型に変えようとしているのか、もしくは、何型を何型に見せかけようとしているのか、ということ。

まぁ、牧場からいろいろな指示がある中で、調教師も手探りなのだろうが。

いずれにしても、「異様なまでに休養し、使わない」という、このローテ。

これから確実に流行ると思う。

クラブ馬全盛の時代（それ自体は競馬の楽しみが広がる、良いこと）。〝大当たり〟と言える馬を引き当てた会員さんなどは、5歳まで走らせてほしいと願うだろう。

本来、王道型（3歳春にGⅠを勝ち負けしたタイプ）は、ディープインパクトやシンボリクリスエスがそうしたように、4歳秋の引退がベスト。
王道型の場合、5歳時まで走らせると、最後に弱い姿をさらしてしまう。

だから4歳秋の引退がベスト。

しかし、これから続発するであろう、「5歳秋まで衰えさせないために、3歳時、4歳時の出走回数を減らす」という試作が、どんな結果を生むのか。注視したい。

普通なら、王道型であれば、年間の全体成績が、4歳より5歳で落ちる

おそらく、ここで挙げた例の馬たちの多くが、一般的な王道型のように、「5歳半ばで心身のどちらかにおいて衰え、衰退する」と予測している。

そうであれば、作為失敗と言える。

マイネル軍団を極める！ 起用騎手の「序列・差」と「加えたい男」

今から、マイネル軍団がよく起用する騎手の騎乗ぶりを、極めていく。

スマホ片手に、レースVTRを見ながら、読んでみてほしい。

たった30分ほどで、あなたは、マイネル軍団の騎手が、どう上手く乗ってくれるか、どう下手に乗ってくれるかが見えるようになる。では、行こう。


まず、大事なポイントから入る。

これまで僕は、多くの書物で「丹内∨中谷」と書いてきたが、これを撤回したい。

というより、入れ替わった。

現在、騎乗の質は、明らかに「中谷∨丹内」になっている。

僕が中谷の腕を見落としていたのか、中谷が上手くなったのかはわからない。もともとそれほど上手

い印象がないとはいえ、丹内が極端に下手になったとも思わない。

明らかなのは、中谷が意外と「使える男」だということだ。

しかし、今、残念なことに、その中谷がマイネル軍団でほとんど使われていない。

本項のタイトルは、「マイネル軍団を極める」だが、正確には「マイネル軍団起用騎手の本当の実力を知り、とりあえずしっかりレースをさせてくれるケースを見極める」だ。

中谷は、その、しっかり競馬をさせる能力に長けている。

まず、マイネル軍団には次のような雰囲気の序列を感じる。

ファースト騎手が柴田大、セカンド騎手が松岡。そのように見える。

余談だが、ここでは「ファーストジョッキー」とは呼ばない。

ファースト騎手、とする。

「ジョッキー」とは、下から這い上がってきた者だけを指す言葉であることが、正確な世界基準での意味合いだと思っているので、JRAのガッコウ騎手は本質的に「ジョッキー」ではない。JRAという箱の中にいて、「騎手と呼ばれている身内中心の人たち」だ。

別に徹底はしないが、JRAの騎手はなるべくなら「騎手」。

底辺を勝ち抜き、這い上がってきた地方騎手と、外国人騎手を「ジョッキー」と呼ぶよう、可能な範囲で自分を正してみてほしい。

話を戻すと、マイネル軍団のこの序列は、まずツートップからして、おかしい。

僕の見たところ、実力順になっていない。

問題は松岡騎手にある。

松岡騎手。

この騎手は『先行競馬か、差し追い込み競馬か』で、まるで質が変わる騎手だ。

とても参考になるレースがある。

レースVTRを見返しながら、読み進めてほしい。

僕は馬券を買っていないが、2016年、ゲッカコウが東京で走った、1600万下のレース（初音S）だ。

中団のインでやや後手に回りながらも、折り合いはついている形。ただし、4角を回る時。あくまで「雰囲気」の話だが、「余裕綽々です」といった、まるで慌てていない、要するに過信したような雰囲気を感じないだろうか。

騎手の気持ちまではわからない。わかる必要もない。わからなければいけないことは、余裕綽々であろうと、慌てていようと、その形から前を捌けない騎手だということだけだ。

そして直線は、案の定……となった（4着）。

あえて、悪い騎乗の例だけを挙げているわけではない。

僕が、この松岡という騎手が差し馬に乗る際に馬券をひとつも購入しなくなったのは、このゲッカコウのレースから、5年も前にさかのぼる。

2011年、プリンシパルS。

僕はこのレースで、待っていたステラロッサの単複を買った。まさに「松岡騎手＋差し馬」という形なわけだが、ここでこの騎手は……。

まるで、〝慌てて進路なんか探していませんよといった雰囲気〟で、4角を余裕綽々な雰囲気で回り、結果、まったく進路が開かない、という騎乗を見せてくれた。

このレースVTR。先ほどのゲッカコウのものと合わせて、見返してみてほしい。

いや、重ね合わせて見返してみてほしい。

すると、ゲッカコウは内で、ステラロッサは外だが、「4角を回る時の雰囲気」と、「持ったまま前が詰まっていること」、そして「まったく捌ける感じがしない点」は、まるで一枚の絵のように同じだとわかるはずだ

競馬は、レースVTRを見なければ何も学べない。

僕はこの2011年のプリンパルS以来、自分が待っていた差し馬に松岡騎手が乗ってきた場合、そのほとんどを購入中止にしてきた。

そして、そのほとんどは「やっぱり購入中止で正しかったな」となっている。

マイネル軍団は、わりと先行馬が多いため、おそらく岡田総帥は松岡騎手の実力を過剰評価し、やや見誤っているのではないかと思う。

軍団の馬ではないが、アイルラヴァゲインや、コイウタなど、この松岡騎手は、先行馬限定で「4角で素晴らしい形」で回ってくるからだ。僕も先行馬なら、GⅢくらいまでで、買うことがある。

誰を主力で使おうと軍団の自由だが、僕とあなたは、まず、これにより「松岡騎手で負けるシーン」を、かなり多く回避（差し馬）できるはずだ。

話を進めよう。

中谷騎手の話をしたい。

オープンのレースでも、基本としてGⅢくらいまでの格の騎手とはいえ、〝ワンクッション〟なら捌けるし、掻い潜れる

いや、「3角〜4角で先回りしている動作を見せ、ゴチャつきを予測し、回避して掻い潜る」ということが、明らかにできているような所作を見せている

ニシケンモノノフにうまく乗ってくれた時に気がついた。

オヤッ？　と。「この男、もしかして、今、無意識のうちに完璧に導いた」ということができているのではないかな？　と。

モズライジン。

そこで、彼が何度か乗っているオープン馬である、この馬での騎乗はどうなのか、レースVTRを細やかに精査させてもらうことにした。

ザ・クロフネのダート馬。

ブレーキは踏まなければ、踏まないぶんだけ、末脚が持続する。

追える騎手でなければ動かし切れない。

掛からず、折り合い面は乗りやすい馬ではあるが、ロングスパートが持ち味なので、流れに乗れていることと、動くタイミングがわかっていることが重要。

こういった特徴を踏まえて、全動作をしっかりと見た。

答えはすぐに出た。

彼がこのモズライジンで見せていたのは『外からマクるロングスパート』、『インを詰まらずに進出していく、〝隙間制作能力〟の騎乗』。その時に思った。

この男、完全に乗りこなしている

VTRを見てほしい。

左回りと、右回りの違いはあるが……。

「2016年、BSN賞でのモズライジンの3～4角の動作」と、「2017年、マーメイドSでのアースライズの3～4角の動作」は、高いレベルで、インの馬群を捌きながら上がっていく、〝同じ一枚の絵〟のような騎乗となっている

『違う回りで、違う馬で、同じ「型」ができている』

そして、この2頭以外でも、「このごまかしのない優れた型」を、彼はできている

これは非常に〝使える男〟であり、JRAのガッコウ騎手としては珍しく、それなりの腕があるといえる。

1年前の段階では17点、としていたが、現在は36

点とつけている。JRAの学校騎手としては高得点の部類だ。

特に、前出したアースライズのマーメイドSが中谷に多い騎乗の好例となる。

これは特筆モノだ。

完全に、「4角を回る時にどの進路が狭くなるか、騎手が感じ取れている」のがわかった。

そうでなければ、あの動作、所作は出ない。

もし、仮にだが、中谷騎手が「いや、何も感じていなくて、なんとなく1頭分外に出した」と言ったとしたら、おそらく自分でも気がついていないのだ。

〝感じ取れている自分に、気がついていない〟

これが、こちら側、つまり馬に乗っていない者が見抜ける感覚である。

仮に、この騎手自身が、「感じ取れていない」という体感だったとしても、感じ取れているから、また同じような場面を彼は捌いてくることができるだろう、となる。

そのことも、すでに見抜いている。

あの3角。バテる馬、バテた馬を察知したかのように、1頭分外へ隙間をつくりながら4角を回り、回り切ると、むしろ1~2頭ぶんくらい開きそうなのは内かとわかり、瞬時にもう1回内へ切れ込んでいた。

そしてここが重要なのだが、その間、馬の首が一度も上がっていない。それだけでも十分なのに、そもそも全体として、一度も前が詰まっていないのである。

あの、「バテ馬と、バテ馬にハマった馬が下がって密集してきた、激しい重賞レース、GⅢの4角」という場面において、できている。

この3~4角の攻防だけに点数をつけると、中谷は100点の騎乗ということになる。実にスムーズだった。そしてこういった騎乗が、かなり多い。

そして、世界的にはほとんどのジョッキーができる「これ」を、JRAのガッコウ騎手は驚くほどできない。中谷は稀有な存在だ。

丹内騎手も、それほど悪くはない。

だが、中谷が、僕の想像より遥かに「乗れる騎手」だと判明した今、中谷よりは一枚落ちとなる。本当に、かなり昔の話になるが、なぜ一時期使いかけた、中谷を使い続けなかったのか。

まとめると、岡田総帥が思っている以上に「まだよく乗せている松岡騎手は下手で、最近ではほとんど乗せていない中谷は上手い」となる。玄人ファンの専門書であるこの本を、総帥が見ることはないだろう。しかし。

ファースト騎手を、柴田大知&中谷とし、セカンドに石橋を置きつつ、残りを松岡、丹内にし、津村の起用はやめるという形にすれば、マイネル軍団はさらに勝てる

そしてあなたには、このひと言を贈りたい。

たとえ、今、マイネル・ウイン・コスモに乗らなくなったとしても……。

中谷を狙え

「GⅠ初出走が古馬GⅠ」このパターンは買えない

近年のGⅠで、「これが惑星」だと注目を浴びた馬で、真っ先に「これは厳しい」とわかった馬がいる。シャケトラである。

レースは、2017年天皇賞春での話だ。「GⅠ初挑戦が、古馬GⅠ」。このパターンは厳しい。2015年。エイシンヒカリ。天皇賞秋での話もそうだ。

ただし、『マイル、スプリントなどの短距離GⅠ』や『ダートGⅠ』は違う。

単に、路線的に、弱いからだ。

スプリンターズSのカレンチャンやスリープレスナイトがそうだった。

僕がウキヨノカゼの単複を果敢に買った（3着）のも、そういった理由からだ。

ダートでは、フェブラリーSで、モーニンが「GI初出走が古馬GIなのに快勝」をやってのけている。この場合、通用したというよりは、「ただ、いっときの勢いで乗り切った」だけではあるが。同じことが、チャンピオンズCのテイエムジンソク（2着）にも言える。


そういえば、この天皇賞春ではサトノダイヤモンドの陣営から「2強ではなく、シャケトラを入れて3強」というフレーズが飛び出していた。

まさに、現場主義者が陥りやすい錯覚といえよう。

シャケトラは僕もいい馬だと思う。マンハッタンカフェ産駒のいいところを、よく受け継いでいる。

だが、〝この馬がここまで来ることを私はわかっていた〟といった風の現場の方がいる一方で、こちら側（分析者の最前線の視点）に言わせると、〝ここまで来たところで今回は通用しないということを、私はわかっていた〟となってしまう。

それくらい、「GI初出走が、古馬の中長距離王道GI」は厳しい戦いなのだ。

シャケトラがGIで勝ち負けするには〝GIに出て、慣れてから〟だ。


1999年。ツルマルツヨシ。天皇賞秋での話（GI初挑戦で2番人気8着）。

あの時、彼を見て、このことを感じてから、ずっと何ひとつ変わってない。

こういう視点が、「実りある競馬の歴史の見方」となり、あなたの実力となる。

自身のGI初挑戦が、王道の芝中長距離で、古馬の牡馬GIでは、かなり厳しい。

念を押す！オープン馬は休み明けが有利だ

「今や、モトジマサンの言う通りで、日本のオープン馬は休み明けの方が有利なのは、玄人連中はみんな知っているけど、この場合、レイデオロも有利ということになるか？」

ホープフルSから皐月賞へぶっつけで挑んできたレイデオロのことを指して、友人が、こんなことを尋ねてきた。

僕は答えた。

「なわけないだろ」

休み明けが有利、というのは、「ごく自然なローテの中で有利になる」だけであって、わけのわからない思想・信念で、不自然に休ませて有利になることはない。

ましてや、レイデオロなど、2～3歳の経験不足の若駒である。

経験不足の馬を、ぶっつけGⅠで、有利になることなんてあるわけない

このようなワケノワカラナイ信念系の休み明けは、「有利」とか「不利」とかじゃなく、検討をする必要もない、単に「ヘン」なものだ

そういえば、この藤沢和厩舎ではスティンガーが阪神JFからぶっつけで桜花賞に行って撃沈していたこともあった。

競馬雑誌で「1勝より一生」という信念を語っているインタビューを見かけたことがあるから、その方向性なのかもしれない。

1勝を取るより、馬の一生のことを考える。素晴らしい信念だと思う。

素晴らしい信念だが、ここで著述しているのは「玄人たちが気がついている、本来、有利なはずの休み明けで、なぜか不利になるパターンはどんなものか」なので、これはそのひとつだ、という話になる。

非常に素晴らしい、不利な休み明けをつくり上げる〝妙な信念〟となる。

さて、「他に、休み明けなのに不利になるケースってある?」とも聞かれたので、一筆記したい。

この15年ほど貫いているセオリーとして「王者になった馬の休み明け」は、僕は買わない。

天皇賞春1着、宝塚記念2着の後の「京都大賞典のスペシャルウィーク」(着外)のようなパターンだ。

人間の方に隙がある。

最近では、シラけた目で見ていたのが、サトノアレス(朝日杯FSでは抜擢して単複的中)の、休み明けの復帰戦、スプリングS(4着)などが、これに該当する。

かなり前の話になるが、2001年の朝日杯1着からの休み明けで復帰した2歳王者、アドマイヤドンの若葉S3着なども、静観しておいた。

これもまた、明らかな「王者の休み明け」だからだ。

ハーツクライ産駒の質の差を見抜く!「ズブさ」が危険信号

まったく関係ないことをしていると、見えるものがある。

それは、本来なら、何も考えずにして気がつくはずの視点。ただ、夢中だったあまり気がつかなかっただけの視点——。

ここで、最強の新セオリーを公開する。

僕は何年も前から、『キングカメハメハ産駒のズブい馬、特に4角でのズブい馬は、将来性がイマイチ、早めに見切りをつけたい』ということを書いてきた。

そして、僕自身、見切ってきた。

近年の競馬において、このスーパーセオリーは、お礼の手紙がくるほどに効果があるものだったそうで、今では玄人たちを中心に浸透している。

しかし、最近になって、同じことが言える種牡馬、それも超重要種牡馬が、もう1頭いることに気がついた。

ハーツクライだ

最近では、サトノクロニクルなどが、レースを見た瞬間、「これは弱い」と感じるハーツクライ産駒だった。

特に、3歳の春に勝った白百合Sのレースぶりが、僕に言わせると、強烈にダメだった。

4角でズブすぎる。そして、ズブすぎるハーツライ産駒は強くならない。

ハーツクライ産駒は「素軽い末脚」が特徴。

わかるだろうか。

ズブいことがいけないのではない。

ハーツクライ産駒〝らしくない〟ことが、いけないのだ。そして〝ハーツクライ産駒らしくない〟の象徴のひとつが「ズブイ」ということだ。

菊花賞では、「ハーツクライ産駒が長距離砲で有利」となるが、２０１7年でいえば、サトノクロニクルだけは無理とすぐに判別していたほど、このズブさはダメだ。

僕が今、他のオープン馬で、特に怪しんでいるのがカフジプリンス。

菊花賞で買って、一度だまされたが、その後は関わっていない。

持って生まれた才能のわりに、重賞をひとつ2つ勝つのに四苦八苦するタイプと見ている。

サトノクロニクルは、GＩ獲りを期待されているほどの器のようだが、僕は国内ではGＩまで手が届かないような気がしている。ズブさが抜け変身するのを待つしかない。

つまり、本来なら、「２０１6年の菊花賞は、カフジプリンスが、一発でわかる菊花賞のいらない伏兵」で、「２０１7年の菊花賞は、サトノクロニクルが、一発でわかる菊花賞のいらない伏兵」となる。(僕は前者にはだまされたが。)このセオリーひとつで、そうなるのだ。

ハーツクライは素軽さが特徴。

ということは逆に、ダート馬というイメージはないだろう。

しかし、素軽かったら、ダート馬でも大丈夫だ。マスクトヒーローなどが、かなりいい馬で、もっと長く競走生活を見たかった馬だ。

ハーツクライは、まだ種牡馬として現役バリバリである。

しかも、素晴らしい種牡馬。

ディープインパクトとキングカメハメハに対抗できる、日本トップ3の一角と言っても差し支えない種牡馬だ。これから、そこに、ロードカナロアを加えた4強となるはず。

その中で、ここにきての重要な正体として「ズブい仔は弱い」という、種牡馬キングカメハメハ産駒と一緒の特性を持っていることが判明してきた。

つまり、こうだ。

「長距離砲」など、ズブいことが理にかなっている種牡馬であれば、サッカーボーイ産駒のヒシミラクルのように、ズブさはプラスになることもある

だが、「素軽いキレ」や「根がマイラー」など、ズブいことが理に適っていない種牡馬の仔がズブいと性能が良くない

そしてそれは、デビュー前などにはわかるものではなく、レースぶりでわかる

具体的には、4角の所作を見ること。

追っつけ通しになるような馬は、他の種牡馬ではいいことだが、ハーツクライ産駒(とキングカメハメハ産駒)では、将来性が一枚落ちる。

ひとつ注意したいのは、〝手応え抜群でも追っつける〟という動作を伴う騎手もいるので、その動作に惑わされないこと（勝負に出てくれる外国人ジョッキーに多い）。

ハーツクライ産駒は、ズブさが、性能の悪さを端的に示してくれる。

こういった視点を、自分でも次々に発掘していく眼力を養うには、外に出て、たくさんのジャンルの人と、その世界、その業界について語ることだ。

競馬だけで過ごさないこと。

あなたが若ければ女でもいいし、年配の方なら行きつけの喫茶店などでもいいだろう。

自分を洗練できる場、違う業界に身を置き、人と語れば、理に適っていないこと、理に適っていない者が失墜していく様子を、垣間見る瞬間がある。

ふとした、そんな瞬間。「ハーツクライ産駒なのにズブいって何よ？」と思うだろう。

その時に、わかる。何もかも見える。

駆け抜けた靄が消え去るように。小さな霧が晴れるように。消えた星屑が出てくるように。その日一日が、輝くように。

第3章

マニアックな種牡馬を根こそぎマスター

脇役、マイナー、いや彼らの産駒こそ馬券の主役

メインストリームにいる種牡馬たち。

しかし、その影で、ガッチリと馬券のキモになってくれている種牡馬がいることを、あなたは知っているだろうか。

それも、条件戦などではなく、メインレースで。

ここで、数年の重賞戦線を、よく思い出してみよう。

ダートの重賞で、アスカノロマンの取捨に、迷わなかっただろうか?

マイル戦線で、ロードクエストに、振り回されなかっただろうか?

GI級の素質を持つカイザーバルを買うと、後手に回ってしまわなかっただろうか?

彼ら彼女らは、順にアグネスデジタル産駒、マツリダゴッホ産駒、エンパイアメーカー産駒である。

そう、現代競馬における3強、ディープインパクト産駒でも、キングカメハメハ産駒でも、ハーツクライ産駒でもない。

みんな、知らず知らずのうちに、この影の種牡馬たちに振り回されている

そして、ハッと気がついた時に、彼らもピークを過ぎた高齢馬となり、結局、あまり上手くつき合えなかったなぁというループに陥る。

このループを断ち切ろうというのが、本章のテーマ。

産駒が現れた時、後手に回らないよう、しっかりマスターしていこう。

●特異、アグネスデジタル

モンドグラッセ、アスカノロマン、カゼノコなど。

ここにきて、ダート馬の活躍が目立っている。

モンドグラッセとアスカノロマンのように、わりと〝行き切って〟逃げ先行体勢に入るのが得意なタイプもいれば、カゼノコのように明らかな末脚勝負のタイプもいる。

カゼノコ。この仔、もうちょっとガサ（体重）があれば良かったね。きっとフェブラリーSを勝てたよ。現状、パワー不足です。

そんなカゼノコのことはともかく、モンドグラッセやアスカノロマンはパワー型のダート馬。そのため、ダート1800m。それもどちらかというと、坂のない京都より、坂のある阪神のダート1800mの方が似合うイメージがある。

しかし、イメージ的には、東京ダートになれば2100mより、1600mの方が合う雰囲気だ。東京ダート2100mに挑むなら、むしろ、函館札幌のダート1700mに転戦した方が、良さが引き出しやすい。

何、それ？　というイメージだが、要するに「パワー型なのに、スタミナ自慢ではなく、肉を切らせて骨を断つような展開が好き」ということ。

函館や札幌のダートは〝おにぎり形状〟のコースで、我先にと、みんながガサガサとマクり、出入りの激しい競馬になることが多い。

そんな中、マイペースを守ったり、一緒に進出したりして、「みんなでバテ合いましょう」みたいになると、急に生き生きとして、戦いやすくなる様相だ。

初期の産駒には、ドリームシグナル、グランプリエンゼルなど、特徴的な〝粘っこい〟走り方をする芝の馬も多かった。

最近でもメイショウスザンナがいたが、これもドロンコ馬場のフラワーCをスイスイと2着に走った、粘りある走法の重馬場巧者だった。

この馬に関しては、その後、重馬場の日に出てきたらと思い、狙って待っていたのだが、気性のせいか走法のせいかはわからないが、ちょっと「ムラがありすぎ」て、狙うのをやめてしまった。

代表産駒は、ヤマニンキングリーということになるかもしれない。

札幌記念でブエナビスタに会心の一撃ならぬ、会心の好位チョン差しを食らわせて、勝利。おかげで、ブエナビスタの凱旋門賞参戦を見られなくなってしまった。

彼はとても頑張り屋さんの馬だったが、その後、ダート転向後のシリウスSをいきなり勝ったように、「よくわからない存在」でもあった。

こういった成績になると、どうしても『芝ダート兼用』という言葉が飛び交うわけだが、競走馬の見方の基本は、たとえ芝もダートも走れるように見えても、「本質的に芝馬なのか、ダート馬なのか」と見ることだ。

話をそちらに持っていくと、トゥザヴィクトリーは、本当は最後まで芝馬だったし、イーグルカフェはダートで経験値を重ねてダート馬に生まれ変わったという形だし、アドマイヤドンは芝で勝っていたのは能力が高すぎただけで、ダートの王者だった。

こうやって見る方が、本質を見誤らないで済む。

この話の流れのまま、まとめを。

アグネスデジタルはどうだったのか。この件についてだ。

この馬は本質的には「芝馬」としていい。フェブラリーSを勝ったのは凄いが、その他の交流重賞などは、大半が地方馬。交流重賞は別モノなのだ。

芝の中央GＩでマイルCS、天皇賞秋、香港C、安田記念を勝っていて、これがダート馬のはずがない。

ダートの血筋をしっかり持った、クラフティプロスペクター系の芝馬である。

だから産駒は、「芝馬もダート馬も出る」。

最大の特徴を書く。

ドリームシグナル、グランプリエンゼル、ヤマニンキングリー。

モンドグラッセ、アスカノロマン、カゼノコ。

こうして並べてみると、ひとつの、共通項があることがわかる。

それは、「旬の時期がある、ムラがある」ということ

気性でムラがあるのではない。

旬の時期が過ぎると萎むため、成績にムラが出るのだ。

これを絶対的な特徴として見てほしい。

すると、オープン馬に対し、次のような観点が持てるはず。

重賞で、リピートしにくい

今は、種牡馬アグネスデジタルも高齢なのでダート馬が多くなっているため、ダート馬を中心に著述するが、モンドグラッセがエルムSでリピートしたか？　アスカノロマンが東海Sでリピートしたか？

ということである。

これを知っているだけで、クセ者・アグネスデジタル産駒の取り扱い方が、抜群に上手くなる。旬の時期を逃さないことも大事だが、旬が終わった時期を見誤らないことが、一番大事な種牡馬だ。

●スピードを買うアドマイヤマックス

時はサンデー全盛期。２０００年、初頭。

かつて、サンデーサイレンス産駒には、あるジンクスがあった。

『SS×ノーザンテーストの産駒は、GIを勝てない』

このジンクスは、ダイワメジャーによって、いとも簡単に打ち砕かれることになるのだが、確かに、母父ノーザンテーストのサンデーサイレンスは、初期の頃から、なぜか非力な一面を持ち合わせていた。

いずれにしても、それほどまでにサンデーサイレンスという種牡馬は、繁殖牝馬側の「母父」が色濃く出て、影響力を持たせる種牡馬だった。

そして、その系譜は今、ディープインパクトへと受け継がれている。

近年、ブラックタイド産駒のキタサンブラックが母父サクラバクシンオーなのに3000m超えのGI、菊花賞や、天皇賞春を勝つことがクローズアップされていたが、そもそもブラックタイド産駒に母父はそこまで影響しない。

僕としては、そのことは、キタサンブラック以前のブラックタイド産駒で、すでに「種牡馬ブラックタイドの研究」は終わっており、「ブラックタイド産駒であれば、母父が何であっても、芝馬の中距離」と思っていた。

あとは「産駒はみんな気性難」だと。キタサンブラックは気性難ではなく、そこが例外だったため、あれほど強くなったということだ。〝母父バクシンオー〟で驚くようなことじゃない。

現代では、そこまで母父が影響力を持つ種牡馬は、ディープインパクトくらい。やはり、サンデーサイレンスの後継種牡馬は、ディープインパクトということだ。

実は、ロージズインメイ産駒も母父が重要だが、それは後述する。

さて、アドマイヤマックスも、そんな「母父ノーザンテースト」のジンクスを、競走生活の晩年に覆したGI馬だ。

僕が定義するところにおける「サウスポー馬」と「非力馬」がミックスされたような馬だった。だが、距離短縮で末脚がよりキレる一面も持っており、高松宮記念でそれがハマった形となった。

そのため、産駒の見方は、次の二点。

『左回りが得意じゃないか』あと、『非力さはないかどうか』。

実際には、「ちょっと非力で、でも左回りもちょっと得意」みたいな馬が、多数出ており、そのことが、『東京得意』という形ではなく『新潟（平坦左回り）が得意』という形で、現れてきている。ここがミソだ。

怒涛の7連勝を決めた最良駒、アドマイヤコスモスがいなくなってしまったのが、残念でならない。

ただ、リンクスゼロ、モンストールのような2歳時にオープンまで勝つような新潟巧者は、まだ出る可能性がある。

近年は、ダート馬も盛り上がっている。これも着目していい。

ケイティブレイブ、メイショウマシュウ、ナガラオリオン、ショウナンアポロンといったメンツだが、彼らは単純に、スピードがある。

ケイティブレイブは、異様に安定した取り口と成績が示す通り、わりと信頼できる。というかこの馬、いつ休むの？　という感じのローテーションだが。それでも疲労がある中で成績が安定しているのは、取り口自体が安定しているから。

差してハマるかハマらないかの競馬をしている、メイショウマシュウやナガラオリオンの方が、〝アドマイヤマックス感〟はあるが、安定感はない。

そのメイショウマシュウは根岸Sを勝っているのに、同じ東京ダートの武蔵野Sと霜月Sが全然ダメで、よくわからない馬のままだった。

この『左回りがけっこう得意なのに、よくわからない感』が、芝ダート問わず、アドマイヤマックス自身によく似た差し馬にはつきまとう

非力さの方が遺伝した格好だ。

ならば、先行馬（特にダート馬で）の方に目をつけるのがいい。マックスガイもわりと、取り口の安定感と、成績の安定感が比例していた。

馬券的な狙い方としては、次の二点となる。


『芝馬は、完成度の高い2、3歳で新潟巧者を見つけること』

『ダート馬は、近走成績抜群でも、差し馬を信頼しすぎないこと』

●エイシンフラッシュの2年目は

2017年度の新種牡馬。

キングズベスト産駒の、日本ダービー馬。

キングズベストはキングマンボ系で、日本の芝にはよく合うわけだが、キングズベスト産駒で凱旋門賞馬として期待されて輸入されたワークフォースが、種牡馬としてはダメダメだった。

重いのなんの、サドラーズウェルズを超えるかのような、ムチャクチャな重さを感じる走法。

繁殖牝馬の質は良かったと思うが、その状況の中で、産駒の80％以上は未勝利馬という数字をキープしていく、逆偉業。

社台の見切り方も早く、3年で帰国するという歴史的失敗となった。


さて、ワークフォースと同じく、父がキングズベスト、エイシンフラッシュの産駒はどうなるか。

これ、ヤバいんじゃないでしょうか……という気もする。

というより、そもそもキングズベスト産駒で日本で強かったのは、条件戦にシャドウパーティーがいるくらいで、あとはエイシンフラッシュしかいない。

たまたま、エイシンフラッシュが個体の問題で、日本の芝に合致していただけだとしたら、今、日本に来ている本家キングズベストの苦戦、キングズベストの代表産駒ワークフォースの撃沈、そしてキングズベスト産駒の日本ダービー馬エイシンフラッシュも……。と思ってしまう。

色眼鏡ではなく、一期生の産駒たちの走りを見ても、あまりいいところがない。

というか、出馬表を見ないでレースを見ると、「あれ、ワークフォースの仔だよ」と言われても気がつかないというか、むしろ、間違えて納得してしまいそうな雰囲気だ。

父似の「2000mピタリ」が得意な仔は出そうだが。

ただし。

ここまでは、すでにけっこう見抜いている競馬ファンは多いと思う。

産駒は二期生から変化する。ワークフォースだって、厳しい状況の中で、クィーンズベストやアドマイヤウイナーといった重賞で戦う馬も出てきた。ゴールドケープという牝馬もいて、これなど、僕はけっこう評価している馬。

ダメかもしない、その中で——。


種牡馬エイシンフラッシュの二期生以降の好走場所を予測しておきたい。

重馬場。ここに着目する人は多いだろう。走法が重く、欧州の活躍馬となれば、これが〝定石通り〟だ。

しかし、僕は注目しない。

ワークフォース産駒が、重馬場が合いそうということは、産駒デビュー前から容易に想像がついた。前出した代表産駒たちも、確かに、重い馬場を走りにくそうにはしていない。

しかし、産駒を〝全体像〟として見ると、『ちょっと重馬場で走りが噛み合ったからといって、どうにもならないくらい弱い』という現実がある。

クィーンズベストなど、雨の影響で、かなり重い馬場となったローズSでズルズルの大敗。じゃあ、どこで好走するの？　となってしまう。

同じような現象は、エイシンフラッシュ産駒にも起こると思う（もし仮に、重馬場巧者の相が見えたら、狙っていくのはアリだが）。

フラッシュ自身は、距離もコースも万能だっただけに、よけいに難しいのだが、こういった「産駒は重さが心配な、マル外や持ち込みで王道を行けた馬」というのは、他にもいた。思い出そう。

シンボリクリスエスだ

サクセスブロッケン、ダノンカモン。エピファネイアに、ストロングリターン。

なんとなく、ひとつの産駒予測ができてきたのではないだろうか。

そう、ダート良駒の、東京コース

このあたりに注目しながら、エイシンフラッシュを見守りたい。もちらん、芝の中距離で王道を行く下地はある血筋。それならそれでいいのだから。

不発の際は、僕は『芝の重馬場』より、『単にダート馬たち』という視点で、見てみたいと思っている。

●砂の守り神、エンパイアメーカー

帰国してしまった。

導入後の産駒が思ったよりダメだったということもあるが、これはちょっと、もったいなかったように思う。いや、エンパイアメーカー自身にとっては、本国アメリカの方が活躍は間違いないから、良いこととも言えるが。

「エンパイアメーカーの東京ダートは、新時代の鉄の法則のひとつになるだろう」と書いたのが２０１４年の著書だった。その後の産駒の活躍を見ても、いち早く提唱できた、優秀なセオリーだったと思う。〝イジゲン以降〟で見ると、オールドパサデナ、シンボリエンパイア、アンアヴェンジドは、東京専門のダート馬。個人的には、東京だけでよく買った面々だ。

中でもアンアヴェンジドは、牝馬ながら、東京のダートでは、生涯一度しか崩れていないのだから、たいしたもの。ただ、この馬、藤沢和厩舎のよくわからないローテが炸裂してシューリョー。

ダート1700mの1600万を勝ってオープン入りしたのに、次走はなぜか、過去に2回も大敗している芝のレース、それもGⅢの芝1800m、クイーンSへ出走。惨敗して引退。こんなローテ、思いつく方が逆に凄いよ。

藤沢和厩舎の「ノーザン系以外の馬」の、見本のようなローテだ。


しかし、「ダート全般」という視点で見ると、何もこの種牡馬の仔、東京ダートだけで走っているわけではないことがわかる。

近年では、スーサンジョイがダート戦線で活躍している。

これは東京巧者ではない。

この馬はダート競馬のセオリー通りにしっかりと走っており、僕自身も何度か馬券で上手く取らせてもらった。コツはわりと簡単で、「勢いがついたところ」や「得意なところ」で、しっかり走ってくれる。

具体的に言うと、「オープン特別圧勝直後の再度のオープン特別」や、「オープン特別圧勝直後のGⅢ」。さらには「前年好走した同レース、いわゆるリピーター」などが好走ポイントとなる。

ただ、これらは、気性が悪くないオープン馬ならみんな走る条件であり、エンパイアメーカーに限ったことではない。

つまり、エンパイアメーカー産駒は、わりと気性が良いということになる。

ここにエンパイアメーカーの良い馬を見つけた際に、上手に取り扱うコツがあって、わかりやすく言うと「自分の力だけはしっかり出してくる産駒が多い」のだ。

たとえば、キタサンブラックは別格としても、ブラックタイド産駒などはその多くが気性難で、手を出しづらい。よって、好走ポイントが少なく、そのため本書での本文も短くなってしまっている。

僕のハンパに素直な性格がそんなところに出てしまっているわけだが、そのぶん、エンパイアメーカーのような、馬券的にもキモとなってくれる種牡馬にはページを多く割いているわけだ。

この種牡馬の仔は性能がいいのだ。馬券でも活躍してくれる。


ここにきて、芝馬もよくなってきている。

カイザーバル。プラチナヴォイス。ナムラアン。

菊花賞にまで出てしまったワンダーアツレッタ。

って、エンパイアメーカー産駒で菊花賞は〝無理ゲー〟すぎるが。距離はさすがに1600〜2200mくらいまでだろう。


もともと、母ダンスパートナーのフェデラリストが、GⅡの役者くらいまではブレイクしたように、芝でも強い馬は出るのだ。

こちらも気性は悪くない。悪いのはカイザーバルくらいで、カイザーバルの気性が悪いのは母が暴れ馬ダンスインザムードだから。これは完全に母系の影響。というか、母ソックリ。

ただし、これはいわゆる平気で走る気をなくす「気性難」ではなく、武者震いの系統の暴れ方なので、今以上にひどくならなければ問題ない。

秋華賞ではあまり人気になっていなかったカイザーバルの単複を購入。四位騎手も素晴らしく上手く乗ってくれての3着で、好感を持っている。

贔屓ではなく、底力があるのだ。

エンパイアメーカーは、他のアンブライドルズ系とは違い、底力がある。つまり、GⅠでも買えるような馬がいる、ということだ。

最後にひとつ。東京ダート巧者以外の産駒で、「大いなる共通点」がある。

それは……。

『ちょっとしか伸びない』ということ
これは、芝馬でもダート馬でも同じだ。ここが面白いと思う。

面白いというか、「決定的な短所」だ。

カイザーバルももう少し切れ味が持続すれば、牝馬GIを勝てるところまでいけるのかもしれない。秋華賞は京都内回りなので、3着に残れた。京都外回りなら3着はなかった。

これが最後のコツで、要するに、「意外と直線の短いコースが合う」のだ。

まとめよう。

ダートは「オープン特別圧勝直後の再度のオープン特別」や、「オープン特別圧勝直後のGⅢ」。さらには「昨年好走した同レース、いわゆるリピーター」が、普通に頑張れる。

稀に、ダート馬の中に驚異的な東京巧者もいるから、それは東京ダートに絞って待っておくのがいい。彼らは、見極め、追いかけたい存在だ。

芝馬は「ダート血統から出た芝馬だから、奥深さはどうかな……」という疑問符が必要ないくらい、底力のある馬が出ることもあり、GI戦線まで躍り出てくる。

芝1600～2200mくらいで、上昇期に、ナメずに注目してみたい。
●東京ダートマイルで買うカネヒキリ
なぜ、社台にスタッドインしなかったのだろうか。

そんな疑問が頭をよぎる。

ゴールドアリュール系では、スマートファルコンが社台に入り、エスポワールシチーが日高へ、というのはまだわかる。

だが、フジキセキ系では、いくらキンシャサノキセキとダノンシャンティがいるとはいえ、彼らの産駒が「芝短距離」のカテゴリーになるのは明白。

何より、カネヒキリの場合、フジキセキ系ウンヌンよりも、まず「絶対ダートだ」というカテゴライズをしてもいいほど、ダートの怪物だったのだ。

フジキセキ系として見ても、ダートの後継者がいないばかりか、社台自体に、日本で活躍したダート種牡馬はゴールドアリュールとスマートファルコン、そしてクロフネしかいない。あとは、フレンチデピュティがいるくらいだ。

カネヒキリを、種牡馬として社台に入れてほしかった——。

彼が、不慮の事故でこの世を去った今でも、そう思う。

しかしながら、日高から送り込まれてくるカネヒキリ産駒たちは、なかなか頑張っている。ここにきてオープン馬も出始めているので、ここでも取り上げることにした。

ミツバが、ブラジルCとブリリアントSを勝利。ともに、東京ダート2100mだ。

アルタイルはオアシスSを勝っている。東京ダート1600mだ。

このあたりに、ジャパンカップダート（当時・東京ダート2100m）や、フェブラリーS（東京ダート1600m）を圧勝した、父カネヒキリの特性が現れている。

『東京ダート巧者』

まずはこれを念頭に置こう。

そのうえで、僕の見たところ、スピードの性能も上々だ。

同じコース形態の『新潟ダートも良し』

これも覚えておきたい。新潟ダート1800m、などがよく合う。関越S（夏のオープン特別）あたりで買うイメージを固めておくといいだろう。

ダート馬は「軌道に乗れば、即、交流重賞へ」という時代だが、そこにも上手くマッチすると思う。

『中央ダートタイプだからと、交流重賞で妙に軽視する必要はない』

もともと、フジキセキ系。スピード優先の血統だ。ロンドンタウンは佐賀記念を制覇。ロンドンが佐賀を制覇するって、名前の響きがなんだか凄いが、レースは、軽快なスピードで完勝していた。ロンドンが佐賀にマッチングだ。

カネヒキリも所有していた〝スーパーオーナー〟が持っている、マウントハレアカラという馬も、コースは問わない。

『東京巧者以外は、コースに固執しないで見る方がいい』

ということだ。

フジキセキ系、という見方を強めると、「急坂がダメかも」とか、「トライアルで異様に強くてG1で弱いトライアル血統かも」とか、いろいろな視点が出てくると思うが、フジキセキ系と見るより、単に「ダートのスピード血統」と見る方が無難。

僕の見たところ、急坂は関係ないと見ている。

ズバリ、「買っていい種牡馬」だ。

●ダートの重鎮、シニスターミニスター

今から最高に使える種牡馬の話をする。大注目だ。

その名は、シニスターミニスター。

これも日高で奮闘している種牡馬だ。ポツリ、ポツリと、強いオープン馬を出す。

アメリカのエーピーインディ系らしく、あまりコースに左右されないのがいい。

インカンテーションは若いころ、左回りがいいと言われていたが、僕は無視し右回りでも買っていた。コースは不問だ。

そのインカンテーションが、代表産駒となる。典型的なダート種牡馬。というより、徹底的にダート馬しか出ない。

素晴らしい。ダート種牡馬というのはこうじゃなくちゃね。

このダート馬しか出さない徹底ぶりが、実に潔いうえに、気性もしっかりしている。

たとえば、エンパイアメーカーが「芝馬も出す、底力もある。だけどややチャカついたり、伸び脚が長く続かなかったりする」〝浮足立つような〟一面があるとしたら、こちらは「ドッシリ落ち着き、パワーでズッシリ、底力満点のダート馬。芝馬なんか出さない〝一本気〟」。

エンパイアメーカーが〝ちょいチャラ〟で、シニスターミニスターが〝超硬派〟と覚えておくと、キャラクターがつかみやすい。

インカンテーション以外の活躍馬では、キングズガード、ダブルスター、コウエイエンブレムなどがいる。

キングズガードは栗東S(京都)を勝って、プロキオンS(中京)を3着。その後、エニフS(阪神)を勝って、グリーンチャンネルC(東京)で2着。

ダブルスターはアルデバランSで、京都ダート1900mを勝利。コウエイエンブレムはダート1200〜1400mで活躍。マイネルバサラは中山ダート1800mを連勝してオープン入りだ。

コースだけ見たら、もうバラッバラで、やはり『コース』で見る種牡馬ではない。

これ、僕は、『個別に、距離で』産駒を区別して見る種牡馬だと思っている。

インカンテーションとキングズガードが〝やっていること〟(走り)は、ほとんど同じ。

それを1600〜2000mでやっているのがインカンテーション。

1400mくらいを主戦場にやっているのがキングズガードということだ。

では、その距離適性は何で決まっているかというと、ズバリ単に個体差で決まっている。

ほんと、単に「個性」だと思っていい。

母父で決まっているわけでもない。単なる「個性」だ。

ただ、短距離血統というわけではないので、「2000mの距離延長時にどうか……」という場面では、けっこう〝耐えられる〟ことが多い。

キングズガードは1400mの専門家だが、僕は1600mも乗り方ひとつで、ごまかせるような気がしている。フェブラリーSは格的に無理なだけ。オアシスSなどなら、けっこうごまかせるはずだ。

この馬はいい馬だ。

ザ・ダート馬を出す血統。これからも奮闘する。

この種牡馬の仔は、期待できる。

ズバリ「買い」だ。


気性の良い、成績と取り口が安定した良駒が出てきたら、オープン特別やGⅢなどで「リピートするかも」という視点を即座に持つとよい

なんかもう、一生、芝馬とか出さないで我が道を行ってほしいね。

●衰えぬ快速、スウェプトオーヴァーボード

なんということか。

レッドファルクスの、突然の大ブレイクがあった。ナメたらいけない、この種牡馬。

今、スウェプト自体の性能が見直されているところかもしれないが、さすがにここまで強いスプリンターは、もう出ないだろう。レッドファルクスは最高傑作だ。傑作の出現で、種牡馬としては社台を出されてしまっているが、まだ活躍しそうな気配。

サンデーサイレンス系に付けられるのもウリ。日本がノドから手が出るほど欲しかったエンドスィープ系。ここにきて、需要、増しちゃうぞ。

みんなお馴染み〝スイートスポット〟は「新潟直線の1000m」。パドトロワがアイビスサマーダッシュを勝ち、最近ではラインスピリットも、このコースで強さを見せた。

また、「中京芝1200m」も得意。レッドファルクスはCBC賞馬にして、高松宮記念もしっかり3着。アーバンストリートも中京芝1200mが得意だった。

ただ、基本は「コース不問の1200mの専門家」という血統。これ以上「得意コースはないか?」と深掘りする必要はない。小倉芝1200mでも札幌芝1200mでも、同じように走る。

問題は、ちょっと特異な「旬の時期」。

これが非常にやっかいで難しく、なぜか突然〝打ち止め〟状態になってしまうオープン馬が後を絶たない。この、いきなりの打ち止めがないから、レッドファルクスは別格だったわけだが。

アーバンストリートなどは、本当にいい例で、シルクロードSを勝って「さぁ、軌道に乗った」というところから急下降。

パドトロワには、僕もだまされていて、アイビスサマーダッシュを勝って、来年もリピート確実と待っていたら、いきなり打ち止めで、ハイ、終了だ。なんとも難しい。


このあたり、なんとなく……『アグネスデジタル産駒に似ている』。

昇り調子と、一気の下降線。この2点だけに気をつければ、あとは安定感あるスプリンターとして扱っていい。今後、再注目の種牡馬だ。

●地味で爆走、スタチューオブリバティ

マニアック（でもないけれど）、やっぱり地味なスタチューオブリバティ。

一緒にマスターしよう。


オータムセールで130万円だった馬、ラズールリッキーなどが人気薄で走り、そのうえ、オープンでも快走している。

地味だ。人気になりそうでならない。

アクティブミノルも、終わりそうで終わらない。

これも地味で、人気にはなりにくい。

キクノストームもカペラSを制覇。

さらには、ホッコーアムールも健闘中だ。

また、僕が最近、「ちょっとスタチューオブリバティを研究してみようか」と思ったキッカケは、サングラスという馬。

これが菊花賞にも出て、芝1800mで勝ち鞍があるのに、ダートに転戦したとたん走った。走った

のは「実はダート馬だから」としか言えないが、走り自体に妙に安定感が出たのが気になった。それも、ダート1400～1600mで、である。

では、この産駒。どんな時に好走するのか。

僕の見たところ、この種牡馬は、父父である「ストームキャットまる出し」な走りをして距離はごまかせる。馬によっては1800mくらいまでごまかせる。

だが、本質的には1200mがベスト。芝ダート両使いが多いが、どっちの路線が本当に得意なのか自分の中でハッキリさせた方がいい。特徴としては、ひとまず、こんなところだ。

では、どんなポイントが馬券になるか。

ひと言でいうと、「忘れた頃」。忘れた頃に、以前好走した距離などがいいだろう。

ラズールリッキーの馬柱を見てほしい。あまり評価されてない段階で福島2歳Sを勝っていて（9番人気）、いろいろ迷走しながらも、再度1200mのオープン特別に戻した葵Sで2着に快走（6番人気）だ。

このパターンは、まだ好調期間であるにも関わらず、いろいろな距離やコースを試しているうちに着順が落ちてオブラートになり、いきなり走るから、面白い。

もうひとつ。サングラスのパターン。

馬柱を見てほしい。

菊花賞参戦は果敢に攻めすぎだが、距離にもコースにも融通が効き、菊花賞帰りでは東京芝1600m（江の島特別）を逃げ切るのだから、王道派と言える。

ところが、ダートへ転戦して見ると、実は短距離のダート馬だったということが判明する。いい表現かどうかはわからないが、〝凄く弱いサンライズバッカス〟みたいな走りを、東京ダート1400～1600mあたりで披露。こうなったら、もう、ダート馬としていいと思う。

この手のタイプはおそらく、東京ダート1400～1600mが合うと思う。

サンライズバッカス（父ヘネシー、つまり、同じストームキャット系）を例として出したのは、決してテキトウではない、ということ。

単純だが、こういうタイプは、得意の東京ダート1400mで買う、それに似たコース、中京ダート1400mでも待ってみる、というのがいいだろう。

このタイプの本質はスプリンターなので、距離短縮で末脚が切れるようになる場合もある。このあたりは推測だが、新潟ダート1200mもしっくりハマる産駒が、これから増えてくるかもしれない。

まとめる。

ポイントは、「好調期間であるにも関わらず、いろいろな距離やコースを試しているうちに着順が落ちてオブラートになり、いきなり走る瞬間がある」「得意の東京ダート1400m、中京ダート1400m、新潟ダート1200mで注目」

●安定時期を待つ、ストリートセンス

マキャヴェリアン→ストリートクライ→ストリートセンス。

日本の芝にもダートにもけっこう馴染んでいたマキャヴェリアンからどう変化したか、と見るのがコツとなる。

結論から先に書くと『ダート色が濃くなった』。これでいいと思う。

代表産駒ノウレッジの単複を、夢見月Sで初めて購入し、馬券的にはメチャクチャ勝った思い出がある。このノウレッジは2歳時に、新潟2歳Sで2着、朝日杯FSで6着まで頑張れた馬だった。しかし、

「実はダート馬でした」というオチ。

だが、条件戦から連勝で夢見月Sを勝った後は、ダラしない。

フリートストリートはデビューからダートで3連勝。

その後は鳴りを潜めていて、4歳の夏に突如蘇ってまた3連勝、エルムSまで勝った。

ところが1年後、得意と思われる「右回りお団子型ダート1700m」のコースに戻って来たのに、大沼Sを負け、マリーンSも負け、エルムSでリピートランを決められず。

ちょっとダラしなかった。

ジープルメリアという桜花賞に出た牝馬も、ダートに路線変更後「13着→1着」と経験を積みながら結果を出した。


もう、特性はつかめたと思う。

ダート馬です。ダート血統です。芝馬は限界があります。

ダート馬らしく、レースで経験を積むと強くなる。連勝期があることが最大の特徴で、ここでは昇級の壁を楽々突破するシーンも多い。

僕が、昇級戦のノウレッジを買ったのは朝日杯FSという「GI出走経験を持っていたから」だが、そもそも、連勝期には、昇級戦でもわりと頑張る血統だったということも味方した一戦だったわけだ。

マキャヴェリアン産駒は芝の活躍馬が多かったが、ハルーワスウィート（ヴィルシーナ、ヴィブロスの母）のようなダート馬もいた。

ハルーワスウィートのようなタイプを出すマキャヴェリアン系とだけ覚えておけば、見方も馬券も大丈夫。連勝時の勢いに乗るのはアリ。クラシック戦線での深追いはナシだ。

●スプリンターです、ダノンシャンティ

ドバイの良血母系の、フジキセキ産駒。

とにかく折り合いが悪く、引っかかる。

落ち着きがなく、チャカチャカした走りをする。

ダノンシャンティ自身の特徴は、主にこの3つだった。

これが産駒にどう受け継がれるか。もしくは受け継がれないのか。そこが焦点だ。

先に本音を書くと、僕は、このダノンシャンティ、「無理矢理にマイル～中距離走らされていただけの、『マイルまで持つスプリンター』」だと思っていた。

今でも、そう思っている。

産駒を見ていこう。

代表産駒、スマートオーディンが「2200mの、GⅡ」（京都新聞杯）までは〝もった〟。

何が〝もった〟のかというと、『距離』と『格』がだ。

ただ、見ていて、ちょっと押すと引っかかりそうな気配はプンプンしており、主戦の戸崎ジョッキーは、だましだまし、本当に上手く乗っていた。

2017年に、これの後を追う形で芝2000m路線へ果敢にチャレンジしたのがガンサリュート。京成杯で2着という頑張りはあったが、力尽きた。

レッドカーペット、クインズサリナ、サラマンカは1200～1400mで活躍。中距離組よりは、まずまずの安定感。

サイタスリーレッドという馬は、ダートの1200～1400mで4連勝。抜群の安定感。

結論が、僕はこちらこそ「秘めていたダノンシンティの本当の姿」だと思う。

ダノンシャンティ産駒は、これからも『なんとかして王道クラシックを目指そうとする産駒』と『潔く1200～1400mに絞ってくる産駒』に分か

れると思う。

つき合うべきは、後者だ。

支持するべきなのも、後者だ。

僕はこの種牡馬からは「GⅡくらいまでいける優秀なスプリンターの大物」が出る可能性があると思っている、一方で、「牡馬クラシックを勝つ大物は、そう簡単には出ない」と思っている。

ここが、馬券や一口馬主でどうつき合うか。競馬を知的推理ゲームとして本気で愉しんでいるあなたのヒントになる要素となるはず。

まだまだサンプル数が少ないが、「本質がスプリンター寄りの方」という軸を持って見れば、オープン特別でリピートランを決めたり、崩れずにしっかり走ることができたりするのは、『潔く1200～1400mに絞ってくる産駒』の方になっていきそう。

「ダート1200～1400mのオープン特別を勝った馬の、翌年のもう1回の2～3着好走」なども、目のつけどころとなっていくだろう。

重すぎがガラリ一変、ディープスカイ

「これはキツそう……」と思っていたナカヤマフェスタ以上に、「失敗確定」と思っていた。

現に産駒登場当初は「ほーらね」と思っていたが。それだけに、ここにきての渋い巻き返しには驚いている。

子供たち、よく頑張っていると思う。

まず、この種牡馬がダメだと思っていた理由だが、僕が考える成功する種牡馬の3つの条件のどれにも当てはまらなかったからだ。

その3つとは、次のようなもの。

『現役時代に、追っての味より、スピードやしなやかさがあること』

『血筋が良いこと』

『社台にいること』

現実には、3つ目の『社台にいれば』を最優先する人が多い。「結局、繁殖牝馬がソコソコ良ければ、なんでもソコソコ成功するんだよ」という具合だ。

だが、「成功する」のと、「ソコソコなんとかなる」のは違う。

社台にいて〝ソコソコの成功〟の、さらに上に行く種牡馬は、スピードかしなやかさ、それから残酷な話だが、生まれ持った血脈で、良血であることなどが条件となる。

たとえば、ルーラーシップとディープスカイ。

この2頭で比較をしてみるとわかりやすい。現役時代ならディープスカイの方が強いが、ルーラーシップの方が血筋もしなやかさも兼ね備えているから、もし2頭とも社台にいたとしても、ルーラーシップの方が成功すると思う。

さて。末脚が重く、追って味があり、成績は叩き上げ、母が名牝とかではなくて、しかも日高で繋養されている、ということで、ディープスカイに種牡馬としての成功要因は、僕に言わせると、ほぼなかった。

2013年に発売した『見抜く力。』という拙書の中では、種牡馬ディープスカイの失敗と、種牡馬マツリダゴッホの意外な成功を、マンガで（なぜかマンガの主人公になって）、紹介している。

案の定、マツリダゴッホ産駒は走っていると思う。気性は明らかに悪いが、スピードという点で、現役時代から秀でていたからだ。

では、ディープスカイは、ここに来て、なぜ巻き返しつつあるのか――。

ひと言で表現すると「産駒のドタバタな重さが、逆にちょっとしたパワーとなって、ダートでツブシが効いたから」である。

では、どんな形で、ダートでツブシが効いているか。

代表産駒は、キョウエイギア（ジャパンダートダービー）、タマノブリュネット（レディスプレリュード）、サウンドスカイ（全日本2歳優駿）。

子供たちを見てわかる通り、交流重賞で勝っているわけだ。

サトノセレリティというナカヤマフェスタの半弟も、ダート馬。

ダービーに出たスピリッツミノルやクリンチャーを別とすれば、「ダート種牡馬」である。

ここで、馬券的な狙い方や得意コースなどを挙げたいところだが、僕の見たところ、たとえば同じダート種牡馬でも「エンパイアメーカーだと東京が得意」といった、わかりやすい特徴はない。

唯一、手掛かりとなるのは「スタミナがあり余っている」という点。距離は絶対に長い方が良く、サウンドスカイもこれから距離を伸ばして良さが出る可能性を秘めている。

現時点で確実な得意な舞台が、ひとつ。

『大井ダート2000m』

これには異論なしだと思う。

それから、芝馬だが、スピリッツミノルが「重」のすみれSと京橋特別を勝っているように、明らかに重馬場巧者の相が出ている。

上がりも遅いレースの方が得意だろう。

要するに、こちらもスタミナがあり余っているということだ。クリンチャーの菊花賞2着（不良）も、納得できる。

種牡馬の世界も厳しく、種付け頭数はすぐに「年間8頭」まで落ちたようだが、2017年は28頭だったようだ。

小さな上昇ではあるが、8頭から巻き返すのはとても大変なこと。

それに、こういった適性がハッキリした以上は、使う側も腹をくくって〝ダートで叩いて良さを出す〟ことに専念するだろう。

産駒が二桁頭数いれば、さらなる活躍の芽はありそうだ。


「大井のダート2000mが得意」

「芝馬では、雨や、重い馬場が得意」

この2つの〝キモ〟を忘れずにおこう

●「買い」の超新星、ディープブリランテ

なかなか走っている。好印象だ。

ただ、奥深さがあるかどうかはまだわからない。

そもそも、もう、日本産サンデー系の種牡馬は、なんでもよく走るので、社台にスタッドインした時点で、それなりに頑張るだろうという予測がつくわけだが。

まず、ディープブリランテ自体に対する僕の評価だが、「小器用なディープインパクト産駒」というだけのものだった。

ダービー制覇も、僕に言わせると「単純に岩田の好騎乗でしかない」という印象。

器用さがどう出るか。ダービー馬という看板とは裏腹に、実はなかった爆発力が、どう出るか。産駒は「ブリッ子」と呼ばれているそうだ。では、見ていこう。


ディーパワンサが中京2歳Sを差し切り。

リカビトスが最後方から鬼脚でデビュー3連勝。

ナイトバナレットがジュニアCをドン尻から差し切り。

セダブリランテスが豪快な直線一気で、デビューから3連勝。

うーん。これは意外だ。器用さをウリにしていない。

正直、こういう競馬をするのかぁという印象。これはちょっと、想像と違う。

距離は芝1400〜2200mくらいが得意なのは間違いなさそう。今後は、マイラー、そして牝馬の1200〜1400mタイプも出てくることだろう。

問題は『坂』。ディープインパクト産駒の問題が坂なのだから、当然、ディープの孫たちも「坂が大丈夫か」という視点が常に必要。

リカビトスやナイトバナレットが直線一気を決めたのが、中山。これを見ると、意外にも『ディープインパクト産駒より、ディープブリランテ産駒の方が中山は初見参からこなしてくる馬が多い』という、大切なセオリーが生まれてくる。

それでもこの素軽さは、絶対に平坦向きだとは思うが。

馬券的な狙い方は？　となると、正直、まだハッキリしない。

だが、これ、ポイントは『距離』でも『コース』でもないのかもしれない。

一番のポイントは『安定していること』。

早期引退だったが、ディープブリランテ自身が、海外遠征で歯が立たなかったキングジョージの8着を除けば、生涯で最悪の着順が「皐月賞3着」だったことになる。

となると……。

「能力」
「着順」
「自身の走れる格」
そういったものの通りに、素直に走る産駒が多くなりそうな気がしている

信頼できる。意外と好印象で、高評価をしている。

この先に注目だ。

●プルピットらしさを見定める、パイロ

このパイロも、なかなか日本に順応している。プルピット系。日本のダートにピタリだ。芝はキレ負けしそう。

まずは、この2つの印象を持ちながら、代表産駒を見ていこう。

シゲルカガは、コース不問で、ダート1200mの専門家。

ワディ、これもダート1200mの専門家。

クインズサターンは、ダートのマイラー。

エンキンドル、これはダート中距離。

ビービーバーレル、芝のGⅢフェアリーSを人気薄で快勝しながらも、すぐに頭打ちになり、大沼Sでダートへ転戦し、2着。

メイショウスイヅキ、もみじS勝利後、ファンタジーSを負け、衰退。

こういった面々だが、僕がこの中で最も印象に残っているのは、メイショウスイヅキだ。

芝1400mのレースとなったもみじS快勝後、パイロ産駒を〝測る〟ため、ファンタジーSで実験的購入をした。

完璧に走れるパターンだったはずだが、ここでキレ負けして6着。

この時点で「芝のパイロ」は全部見切った（もともと見切っていたのだけれど、これが走れなかったら今後もダメという意味合いでの実験）。

もう、ダート血統としてしまっていい。

ただ、これと決まった馬券の狙いどころのようなものを見出すのは、なかなか難しい。というか、なかなか難しいと思っている人が多いのではないか。

そこで、何かないかと深堀し、研究を重ねてみた。

プルピットは東京ダートが得意だったが……。そのあたりに足掛かりはないか。

まず最大のポイントは『距離』に固執しないこと。長距離向きではなく、マイラーや、前述したスプリンターが多いが、大井にはタービランスというオープン馬もいる。中距離ダート馬も出る。

そのうえで……。クインズサターンの成績を見てほしい。

これだろ？　という気がしないだろうか。

僕はした。見た瞬間、した。

この成績だけ見せられて、「この馬の父親を、現在の種牡馬の中から探し出してみて」というクイズがったら、僕は「タピットか、エンパイアメーカーか、パイロ」と答えると思う。

こういうクイズは、競馬力を上げてくれるものだ。

もう、答えは出たと思う。

そう、「プルピット・そのまんま」という馬がいたら、その馬を次のコースで待ちかまえたい。

東京で末脚が爆発したことがあるパイロ産駒のダートのマイラー限定で、『東京ダート1400m』と『東京ダート1600m』だ

●レース巧者に注目、バゴ

凱旋門賞馬、バゴ。

日高から、菊花賞馬ビッグウィークや、桜花賞2着馬オウケンサクラを出して、種牡馬生活は華々しくスタートした。

そのわりに、その後は〝打ち止め感〟もあるが、ブラッシンググルーム→ナシュワン→バゴという血統背景。

母父に、その血が入るだけで強くなる、伝説のブラッシンググルームが潜んでいるのだから、日本にマッチしないはずがない。僕はこの種牡馬をけっこう評価している。

現在は、クリスマス、グレイスミノルという快速牝馬コンビが頑張っている。前者は芝1200m。後者は芝1400mが得意だ。

牡馬だが、エスカーダ、サカジロロイヤルもスプリンター。


トロワボヌール、アクティビューティのようなダート馬もいるが、こちらの方が、ちょっと異質なタイプと見た方がいい。ゴールドバシリスクもダート馬（これは北勝ファームの馬でゴールドアクターの勝負服、渋い！）


さらに、本格派タイプもいる。

マンボネフュー、ナシュワンヒーローはキャラが被っており、芝2000mくらいの路線で王道を歩み、強くなりそうでならなかった本格派タイプだ。

今、その後を、ミュゼゴーストとコマノインパルスが追って（しまって）いる。ブラックバゴもか。


さて、早々にダート馬は異質だと断を下したが、では、これだけさまざまなタイプを輩出する種牡馬バゴの産駒たちは、どう理解し、どう区分し、どうつき合えばいいか。

断を下そう。

『スプリンタータイプ』だ。

僕は、クリスマスで、何度馬券を取ったかわからない。

グレイスミノルも、とても安定している。

種牡馬というのは、総じて牡馬の方が距離適性は長く、牝馬の方が距離適性は短いものだが、バゴの場合、エスカーダやサカジロロイヤルもいるので、そうとも言い切れない。


本格派タイプは、限界がある。GⅢくらいまでは頑張れてもGⅠでバリバリ勝ち負けできるような馬はなかなか出にくいだろう。

残る問題はダート馬だが、これはもう一般的な普通のダート馬と思っていい。これといって、大きな特徴はない。適性の合う舞台で、適した格のレースに出てきた場合は、買ってみるのも悪くない。

では、まとめとして、全バゴ産駒に共通する、2つの大事な特徴を記したい。

『ちょっとしか伸びない』。

これが、バゴ産駒から大物が出てこない原因。そして本格派タイプが出ないメカニズムだ。レースが上手い。前に行ける。位置取りが自在。機動力があり、先に動ける。

だが、追っての味がない

追って、一瞬しか伸びない

これが、芝2000mくらいの王道タイプが出てきても、結局、大物になり切れない理由だ。間違っても「クラシック血統」とは言えない。

さらなる大きな問題が、この2つ目。

『旬の時期がある、しかも短い』

アグネスデジタル産駒と同じだ。

気性がムラなのではない。むしろ気性は素直。へンな惨敗も少ない。

だが、旬の時期があるのだ。

その旬の時期でさえあれば、自分の得意コース、得意レースなどで、しっかり力を出してくる。クリスマスに旬の時期とそうじゃない時期があるのは、線が細く、繊細で、小さな牝馬だからだと思われているフシがあると思うが（それもあるが）、そうではなく、単純にバゴ産駒だからだ。

ビッグウィークとオウケンサクラのことは、いったん忘れよう。

ビッグウィークの菊花賞は、チョン差しがハマッ

た。その後は菊花賞馬とは思えない姿だ。

オウケンサクラの桜花賞は、レースセンス抜群の先手取りがキマッた。その後、すぐに衰退していった。


スプリンターの旬の時期。

スプリンターの得意レース。


この2点に注目してほしい。

凱旋門賞馬のわりに地味な印象もあるだろうが、これはけっこう見どころがある種牡馬だと、見方が変わってくるはずだ。

●意外な見どころあり、バトルプラン

アンブライドルドの血を一滴――。

ブレスジャーニーの登場で期待が高まっている種牡馬、バトルプラン。

エンパイアメーカー産駒ということで、日本向きのアメリカンなスピードを持った種牡馬だということは容易に想像がついたが、2歳から、しかも芝路線で第一線に躍り出てバリバリ活躍する馬が出るとは思いもよらなかった。

いい意味で、想像以上の存在感だ。

一期生には、マイネルシュバリエという札幌2歳Sの2着馬もおり、本当に意外や意外、芝路線で王道も行ける。


本質を紐解く僕のやり方なので、「これって、根は芝なの？　ダートなの？」という質問をよく周囲から受ける。

エンパイアメーカー自体からも、フェデラリスト（中山記念）や、カイザーバルなどの芝馬も出ているし（母がダンスパートナーに、ダンスインザムードという別格の血ではあるが）、その父アンブライドルドの日本での代表産駒はレッドチリペッパー。

僕としては、アンブライドルドは「芝かダートかは個体差による」、エンパイアメーカーは「根はダート血統だが芝馬も出る」、と結論付けている。

それでは、バトルプランは……ということになるが、次のようなイメージを持っている。

「エンパイアメーカーよりは、アンブライドルドに近い。芝かダートかは個体差により、どっちも出るが、『どっちの路線が得意な馬なのか』をハッキリ確定させて見る方がいい」

こういった感じだ。

底力もあるので、マイラーが、朝日杯FSや阪神JF、NHKマイルCなどの、マイルGIへ辿りつくような形でなら、大舞台でも期待できそう。

僕など、「アメリカンな血」と聞くだけで、早熟、奥深さなし、単調なスピード血統と思ってしまうが、そこに「アンブライドルドの血を一滴」スパイスされていると、「アメリカンの中では底力アリ」と思ってしまう。

それがそのまま、この種牡馬の印象にも当てはまってくる。

得意コースだが、スピードタイプで、坂の有無がどうこうという感じはしないので、「コース」より「距離」で見たい種牡馬。

これはおそらく、中距離までこなせる、マイラーだろう。

1400〜2200mくらいとしておきたい。

機動力があるから、小回りを先行したり、イン突きをしたりもできそう。マイネルシュバリエの札幌2歳Sでの2着激走は、まさにそれだった。

ローカル芝1800mは、物理的に競馬がしやすいと思う。

エンパイアメーカー産駒は東京のダートが抜群に

得意だが、この種牡馬の仔も同じなのかはまだわからない。というか、芝馬の方が目立つので、正直そこまで特筆したコース適性を示すことができるかどうか、疑問でもある。

せっかく、芝馬の性能で盛り上がってきている種牡馬だ。馬券も芝馬を買いたい。

アンブライドルズソング産駒の、アグネスソニックのようなイメージを持つといいのかもしれない。あの馬はNHKマイルCで勝ち負けまでもってきたが（2着）、父の父、アンブライドルドの血が、3歳春にGIで戦うための後押しをする底力となっていた。

アンブライドルドの血が、どこまで濃く生きているかに注目したい。それが、今後の焦点。バトルプランで馬券バトルを戦い抜くプランとなる。

ローカル芝1800mで注目

芝馬、ダート馬、両方が出て、強い産駒は大舞台までいけそう

こう見ると、この性能、台風の目だな。

●根付く快速、ヘニーヒューズ

花開くか、尻すぼむか――。

ヘニーヒューズは、アジアエクスプレスの朝日杯FS制覇もあり、適性が見込まれて日本へ導入された形の種牡馬だ。

ということで、日本に合うことは証明済み。だから成功間違いなし。と言われて失敗した種牡馬が何頭いたことか。

ヘニーヒューズの場合、どうだろう。

血統的にはストームキャット系。

ストームキャット→ヘネシー→ヘニーヒューズなので、ヘネシー産駒をイメージすればわかりやすいと思う。

これまでに、日本で活躍したヘネシー産駒はサンライズバッカス（傑作）、コパノフウジン、エイシンスペンサー。

あまり奥がないダート馬だ。


一方、これまでに日本で活躍したヘニーヒューズ産駒は、アジアエクスプレス、モーニン、ケイアイレオーネ、ヘニーハウンド。

ダート馬か、芝短距離のスプリンター。


僕がサンライズバッカスを異様に高評価しているからかもしれないが、それでもあの馬は間違いなく傑作。当時「これ以上のヘネシー産駒はたぶんもう出ないよ」と言って回ったくらい、ちょっと別格だ。

そのサンライズバッカスを抜きに話をすると、ヘネシー産駒の特徴はひと言で『奥深さのないダート馬』だということ。


追っての味なんかない。スピード一本鎗だ。

それがヘニーヒューズにどう影響するか。


これ、印象としては『スピード性能を強化した、ヘネシー産駒』としてしまうといい

奥深さがないのは変わらない。だから『早熟タイプ』や『旬の時期が終わったら一気に尻すぼみするタイプ』も多くなるだろう。

僕が得意とする見方「競走馬のピークの時節」、なども、あまり関係ない。クラシック血統ではないからだ。

深追いしないことを徹底したい。

そのうえで……。

走り時を探っておこう。

まず、アジアエクスプレスは「例外」としたい。芝のワンマイルのGⅠをボッコボコ勝つ血統じゃない。こういう馬の出現を待たない方がいい。

むしろ、最良駒はモーニンだ。

旬が短い、ダート1400mが主戦場のスピード馬。

この手のタイプはわりと「連戦連勝をする」。

これを覚えておこう。前走成績は、意外とアテになる。

しかし、そのぶん、「半年ほど不調ながら、得意コースに戻ってきての好走」などは期待しにくい。

モーニンが同じような決まったレースを走っているから、意外に感じるかもしれないが、「同重賞リピート好走」も、意外に少ないと思う。

まずはダート短距離型の連戦連勝期に注目。

もうひとつは、芝の1200m。スプリンターな馬。

ヘニーハウンド（引退）のような馬だ。

この馬、個人的には「重馬場が上手いのではないか？」と思って見ていたが、まったくそんなことはなかった。結局のところは「狙いどころなし」の、ただの早熟馬だったようだ。

ただ、13番人気で、突然快走したのが6歳時のオパールSで、その2年前の快走は4歳時の鞍馬S（5番人気1着）だった、ということを考えると『京都芝1200m』は合うのだろう。

2017年から日本産の産駒がワサワサーっと出てきたが、このあたり、注目してみてほしい。得意とするスプリンターがいるはずだ。

適性が見込まれて日本へ導入された形の種牡馬。

このワンフレーズ。

話を戻せば、なかなか思い描いた通りの結果が出ない。

だが、ヘニーヒューズの場合は、クラシックへ行く大物でなくても、ダートや短距離で〝ツブシが効く〟種牡馬だ。上手く日本の競馬に定着してほしいものだ。

●〝それでも〟やっぱり気性難、ブラックタイドの扱い方

かつてマツリダゴッホについて「ただの気性難、それを受け継いでいる」と書いたが、それは少し撤回する（後述）。

だが、こちらは撤回しなくていい。父親は気性難、産駒の多くも気性難だ。

カッコイケメンニカギル、のように、カッコキタサンブラックヲノゾク、が付いてしまうが。

ブラックタイドはディープインパクトの全兄。血脈の良さは折り紙付きだ。

だからこそ、弾け切れなかった現役時代の成績でも、種牡馬入りしたのだろう。

しかし、その弾け切れなかった原因は「間違いなく、レース放り投げ系の気性難」と断じてきた。

キタサンブラック以外の産駒を見る限り、それは当たりどころか、モロ当たり、産駒も多くは気性難を受け継いでいる。

掛かる。レースを放り投げる。この2つが特徴。

そして、この2つの特徴が現れてしまうと、馬が萎んで、成績も下降し、頭打ちになっていく。

テイエムイナズマ、マイネルフロストが好例。

これでも、この2頭が良駒（その種牡馬の特徴がよく出ている産駒）だ。

タガノエスプレッソ、ブラックオニキス、シャイニーガール。このあたりもそう。

距離が伸びて、クラシックの足音が近くなるにつれて、掛かり出し、レースを放り投げ出し、そのまま衰退していく。2017年のフェアリーS馬、ライジングリーズンの今後も心配だ。

マイネルフロストはダービー3着馬である。

いくら、関東の松岡騎手が「偶然のような上手い差し競馬」でインから上手く食い込ませたとはいえ、期待のダービー3着馬とは到底思えない、その後の

成績。「力強いけれど、気が向いた時だけなんとなく走る馬」である。

この結実の仕方が、ブラックタイド産駒そのものといえる。

キタサンブラックについては先に書いた通り。なので、ここでは書かないが、いずれにしても、キタサンブラックのような王道型の強い馬が続々出ると思わないこと。これが、ブラックタイド産駒全体とのつき合い方のコツとなる。

結論だが、ズバリ、「買う」より「切る」種牡馬。この視点に切り替えられることが、見解づくりの大きなキモとなるだろう。

マイネルフロストは、今でもたまに人気になる。テイエムイナズマは、2歳時に重賞戦線で活躍した印象が強いのか、衰退していく時も、実力を考えれば、ずいぶんと人気になっていた。いいタイミングで、見切れ。様子見を増やせ。買う種牡馬ではない。

それがコツとなる。

●社台でブレイクの狼煙を待て、リーチザクラウン

きちんと競馬を教わらなかった馬。

成績にムラがあったタイプだが、2～3歳の初期段階で、馬群に入れてしっかり我慢させることを教えられなかっただけで、気性難とは違うという区分でいい。

前項のブラックタイドとは少し勝手が違う。

数少ない産駒の中から、シンザン記念を勝ったキョウヘイの他にも、ニシノアップルパイあたりが初年度から活躍。

「これは第二のスクリーンヒーローか⁉」となるかならないかのタイミングで、社台スタリオンへの栄

転が決まった。早いね。見逃されませんね。

気性難ではないはずなので、ムラ駆けに見えても、狙いどころはあるはず。

父親はドロドロの馬場で行なわれた日本ダービーで2着。

母系もわりと伝統的な、一本、芯が通った血筋。ということで、産駒も『重巧者』の香りはプンプンする。

キョウヘイのシンザン記念も、雨の影響で、かなり重い馬場だった。

とりあえず、現時点では『重馬場』。あとは気性が悪くなくても、掛かるタイプが多くなると思うので、短距離ランナーが増えるはず。

『ワンマイルの重馬場のレース』はいいだろう。

ただし、〝距離はごまかせる系〟である。

マイラーが1800mを走ったり、スプリンターが1400mを走ったりはできるはず。

このあたりの『テリトリー範囲外の100m200m長そうな距離、オープン特別、重馬場』などがピタリとハマってくるような気がする。

社台入りしたので、これから数年後に、産駒は激増するはず。

前述したような条件に注視しつつ、その動向を見守りたい。

●ステイヤーと詰めの甘さ、二期生に期待のルーラーシップ

結論だ。

「ステイヤー種牡馬」だ。

迷うことはない。長距離砲だ。

2017年、菊花賞前の金曜日。キセキを買うことになり、各産駒を精査し、特にレジェンドセラー

という馬の走りをよく見て、そう結論を出し、本島オフィスのｎｏｔｅで執筆しているコラムに、早々と「ステイヤー宣言」を書いた。

ルーラーシップは、産駒の登場前から注目していた。

もちろん、「一期生の秋以降、そして全体的には二期生以降」で。

新種牡馬は、よほどの場合でなければ、初年度産駒から狙わない方がいい。「一期生、馬券はほどほど、一口は様子見」。これが合言葉となる。

特に、一期生は夏までは様子見。

それを端的に表していたのが、このキセキだ。

僕はこの馬とは好相性。現在、神戸新聞杯、菊花賞と、2回だけ単複を買っている。

本書が発売になる頃には、香港帰りの復帰戦（香港で負けて、復帰戦がGⅡなら）で三度目の単複を買っているかもしれない。

２０１８年、現在。クラシック目指して走っているのが二期生。ここから、さらに活躍馬が出るだろう（すでにリリーノーブルが阪神ＪＦ２着）。

話を戻すと、一期生は、キセキの他、ダンビュライトなどがよく頑張った。

だが、3歳の春からキングズラッシュを追いかけて、イブキを追いかけて、何か〝いいこと〟はありましたか？

おそらくなかったと思う。

そしてモトジマ本の読者は皆、「産駒、一期生の春」というだけで「こなれていない感」を読み取り、疑ってかかっているはず。

キングズラッシュあたりに1回だまされて、そこからは上手いことルーラー産駒全般を〝スルー〟できたのではないか。って、これ、実は、僕自身を例にした話なのだが。

では、特徴の話を。

産駒が登場したばかりの、2016～2017年夏あたりまでは、「ルーラーシップ産駒は、自身に似て勝ち切れない産駒が多い」という評判もあったが、それは早計。

一期生なんて、多くの種牡馬が、重賞を勝ち切れません。

モトジマ本の読者はこの一行セオリーにて、何年もの間、多くの〝いいこと〟があったと思う。

もうひとつオマケに書いておけば、「よほどの場合」とは何か。それは……。

1『日本の馬場にピタリに決まっている血筋』
2『マイル以下の気質のスピード血統』
3『成績がGⅠを3勝以上で世界レベルの能力』
こういうパターンだ。

これくらい揃わないと、初年度産駒から春のクラシックホースなどは、出ても1頭（ヴィクトワールピサ産駒のジュエラーのような感じ）くらい。

初年度産駒となると、キングカメハメハでもダメだった。

初年度に、いきなりアンライバルド（皐月賞馬）と、ロジユニヴァース（日本ダービー馬）を出したネオユニヴァースは、実は凄い種牡馬だ。

2017年度の新種牡馬では、オルフェーヴルが①と③の条件を満たしている。

ズバリ、なかなかいい。だが、②を満たしていない。完璧ではない。

怪物、オルフェーヴルだ。種牡馬として失敗などありえない。一期生が2歳の段階から、いきなりロックディスタウンや、ラッキーライラックを輩出。さすがのひと言。

だが、二期生以降の方が、より楽しみは大きいということ。

そして——。ロードカナロアが、種牡馬として①

②③の3つの条件を満たしている。
そう「よほどの場合」というのは、ロードカナロアのことだ。

僕は、種牡馬ロードカナロアを、強烈に高評価している。

初年度産駒も、重賞で買っている。

話を「期待のルーラーシップ」に戻そう。

芝。中距離。王道路線を行く血統だ、と見せかけて、「距離は延びれば延びるほど良い」という産駒が、けっこう出てくると思う。

特徴は「伸びそうで伸び切れない」こと。

これは父親に激似。

先に書いた、「ルーラーシップ産駒は、自身に似て勝ち切れない産駒が多い」というタイプも、いることはいるのだ。

なんと表現するといいのだろうか、この感じ。『小粒なキングカメハメハ産駒』といったところなのだが、単にパワーダウン版とも言い切れない。

ハッキリ言うと、弾けない、弱さがある。

脆さじゃない。弱さだ。

こういう馬はステイヤーではなく、距離が延びても特に良くならないかもしれない。

得意コースなどはあまりない。急坂もしっかり対応できている。

アディラートを見ると、ダート馬も出る。

こちらは安定していそうだ。

個人的には、この手のダート馬の方が、「伸び切れない弱みのある馬」は、それをカバーできる気がする。マイル前後の距離で狙っていく。

ルーラーシップは、競走生活の終盤に出遅れが多くなった馬だが、気性の悪さは一切感じなかった。

出遅れは、「単に、油断している」。そういった雰囲気だった。

産駒たちも、気性は素直だと太鼓判を押せる。「強いステイヤー」と「イマイチ君」を、しっかり切り離して見ると、わかりやすい種牡馬となるはずだ。

●高性能！中身ギッシリ、ローエングリン

世界的良血という使命――。

ローエングリン。現役時代はＧⅠ未勝利ながら、軽快な先行力を武器に安田記念3着、ムーランドロンシャン賞の2着、他では中山記念やマイラーズＣを何度も繰り返し好走した世界的良血の、個性派だった。

現在のように、こういった勝ち切れない馬こそ、もっと、外国人騎手が乗る機会を多くしていればと思う。僕の見たところ〝ルーラーシップ現象〟のような形で、どこかで海外ＧⅠのひとつも取れていた馬だ。


血筋が良すぎる。

良すぎるから種牡馬としての成功の下地があったのだろう、数少ない産駒の中からロゴタイプが出て、ブレイク。

そして２０１６年には、ロゴタイプ（とゴットフリート）がブレイクした年あたりにたっぷりと種付けされた、延べ２００頭前後の産駒が姿を見せ始めてきた。

いきなり、ヴゼットジョリーという花火が上がっているが、この産駒を見てもわかる通り、ローエングリン産駒というのは、父親と走法が〝瓜二つ〟である。

先行力があって、競馬が上手くて、スピードの持続力があって、爆発力がなくて、一瞬のキレがない。基本線としての距離適性は『１６００～２２００m』。２４００mがやや長いのも、ひとつの特徴となる。

本当に似ている。遺伝力が強いのだろうね。

つまり、産駒は、ローエングリンとほぼ同様の適性が見られると解釈していいいと思う。

まずは「セオリー通りに走る」。これが特徴となる。GⅡなら勝てている馬が、G1の舞台で返り討ちにあって、3ヵ月のリフレッシュ、復帰戦はGⅡでした、みたいなケースはしっかり走ってくるだろう。

実は、僕は現役時代のローエングリンは、〝気性難〟を疑っていたのだが、最終的には『気性難ではなく、本質的にはザ・逃げ馬だから、凡退の仕方が派手』と結論付けた。

これで、ほぼ間違いないと思う。

孝行息子、ロゴタイプを見ていても思うが。

得意コースは、父親が得意とした中山

具体的には『中山芝1600m』『中山芝1800m』『中山芝2000m』。このあたりがスイートスポットとなる

完成度と成長力には個体差があるが、早くからでき上がっている馬は、弥生賞、スプリングSでも走る。

中山芝1800mの別定GⅡ、中山記念。

牝馬なら、中山芝1800mのGⅢ、中山牝馬S、芝2000mのGⅢ紫苑Sなどが、産駒たちにとって戦いやすすぎて仕方がない場所になるだろう。

これらのレースでは、要チェックだ。


世界的良血も、成績的にはGⅡ止まりだった。だが、僕の見たところ、「スピード」と「血脈の良さ」は、産駒に遺伝しやすいもの。

それが証明されているかのような現在の活躍ぶりだ。これからまだまだ、大物輩出が期待できるだろう。

●〝今さら感〟も能力開花、ロージズインメイ

マイネル軍団が導入した種牡馬。

ドバイワールドCを制している。

ということで、「マイネル系の繁殖牝馬が大多数を占めるため母系に恵まれず、マイネル軍団入りする産駒が多くなるためハード調教に恵まれる」という状況の中で、どんな答えが出るか、注目が集まっていた。


そして、僕の結論として、産駒の二〜三期生あたりから、こう断言してきた。

『母父がそのまんま産駒の適性になる種牡馬』

現在、母父をよく見るべき種牡馬ナンバーワンは、母血の適性がよく出るディープインパクトだが、母父がモロに「そのまんま」出るという点では、こちらの方が上だ。

ドリームバレンチノは、母父がマイネルラヴ。

高松宮記念2着のスプリンターとして結実。「ま

んま」である。

ロイヤルクレスト、母父がキンググローリアス。ロングスパートを打つ、ダートの中距離馬として結実。「まんま」である。

コスモソーンパークは、母父がジェニュイン。上りが速いとキツくなる、ズブめのマイラーに結実。「まんま」である。

マイネルバイカは、母父がフォーティナイナー。馬力型ダート中距離馬として結実。もう、まんまもまんま、「そのまんま」。

マイネルマークは、母父がサッカーボーイ。サッカーボーイはナリタトップロードを輩出した種牡馬で、芝の芝2400mあたりで産駒が活躍した。これまた「まんま」だ。

コスモオオゾラは、母父がコマンダーインチーフ。コマンダーインチーフは、芝の中長距離血統。この馬も芝の長距離で活躍。「まんま」。

サンマルデュークは、母父がサンデーサイレンス。ふーん。これはもっと強くてなってもいい器だったね。だが、突然キレキレモードになってオープン特別を連勝したことも、なんとなくうなづける。

ということで、もう、母父を見るだけでとりあえず『適性』はまるわかりの産駒が多い。

適性で迷うことはない。

もうひとつ付け加えるなら、僕の見たところ、この種牡馬の産駒は、総じて「レースで気性がいい」。普段の気性は知らない。取材ライターにでも聞いてくれ。それはレースを見るうえで役に立たない。僕が見ているのはレースでの気性。

そう、レースでしっかり自分の力を出し切る、良い気性の馬が多いのだ。

ということは、競走馬が走るメカニズムに合致してくる。

その馬に好走歴が多い『得意コース』
昨年、一昨年好走した、得意レースでの『リピーター』
オープン特別をぶっちぎった次走、『同距離のオープン特別かGⅢあたりで』

このあたりで、素直に待ってみるのがいいと思う。僕も得意な種牡馬だ。じっくり研究してみてほしい。

●新時代の使者、ロードカナロア

真打ち、登場。

これが、日本の競馬を引っ張りますという種牡馬になるだろう。

ディープインパクト、キングカメハメハ、ハーツクライという3大巨頭に、「マイル以下の距離から」というカウンターカルチャー的な〝突き上げ〟を浴びせるのが、おそらくこれだ。オルフェーヴル産駒と、これからの対決が楽しみです。

・血が日本の芝に合っている
・遺伝しやすい、快速スピードタイプ
・そのうえ、能力まで、世界的に見ても抜けていた

産駒登場前からもう「成功確定」。そして産駒を見ると「やっぱりね」。大注目だ。

キングカメハメハ直仔。快速のスーパースプリンター。

世界の短距離戦で最も勝ちにくい（一番レベルが高いかもしれない）、暮れの香港スプリントCを連覇。しかも、ぶっちぎりのおまけつき。

国内GIは、高松宮記念とスプリンターズSを完全制圧。

マイルの安田記念（僕はまず勝てないだろうと思っていた）まで勝利。

極端な話、1200mの歴史上最強は、「ロードカナロアかタイキシャトルかサクラバクシンオー」。競走馬の史上最強を決めるのは不毛だが、日本馬が弱いスプリント路線ともなると、わりとわかりやすく、この3頭に落ち着く。

おまけに血統的に、サンデーサイレンスの血が入ってない。

SS系繁殖牝馬、選び放題。

そして僕がかねてより提唱している、「父親のスピード、スタミナ、勝負根性という3要素の中では、スピードという要素が一番、産駒にしっかり遺伝する」。

これはもう、種牡馬として、失敗はありえない。

僕は「馬券も、一口馬主も、種牡馬は一期生から」を信条としているが、この馬は別だった。馬券も買っているし、早く一口で持つ機会も欲しい。

周囲の一口仲間には、「一期生から行くべきなのは、ロードカナロアのみ」と、カナロアの現役時代から断言してきた。さっそく成功者も出ている。

コース不問。坂も問題なし。ダート馬も出るはず。この種牡馬の場合、今後の焦点は『距離』。これだけでしょう。

その、距離についてだが、わかりやすい言葉で言うと「もつはず」。

ただ、もつと言っても、基本はマイラーだと思う。僕の予測としては『芝1200m型』と『2200mくらいまでこなすマイラー』、2つのタイプが出てくるのではないかなと思う。

前者は、プチ・ロードカナロア。後者は、プチ・キングカメハメハ。そんなイメージでいいのではないだろうか。

3000m超え?

それは、さすがに厳しいだろう。

天下のキングカメハメハ産駒でさえ、本質をごまかせる3歳GI、菊花賞の勝ち馬を出せず、好走止まり。本質剥き出しの古馬GI、天皇賞春では、ほとんど出番がないのだから。

まとめると、『弱点がない優秀なマイラー』が続出しそうな気配だ。

種牡馬、ロードカナロア。

この先も、僕には大成功する未来しか想像できない。

●今こそ買いに転ずるぞ、マツリダゴッホ

「僕はまったくお勧めできない種牡馬」

そう書いた。

2017年に書き下ろした『一読するだけで血統力が上がる本』の中で、気性難だけをクローズアップし、まるで良い性能がないといった方向性で書き下ろした種牡馬。それがマツリダゴッホだった。

それを訂正したい。

2017年、マツリダゴッホの「最重要特性」がわかった。

なので、再度の登場とした。

この種牡馬、とんでもない特性を持っている。

馬券にもなるだろう。

では行こう。準備はいいだろうか。

凄いぞ。この種牡馬、近年稀に見る『重馬場巧者・製造機』と化している。

本当に凄いぞ。

アリンナ、エントリーチケット、エクラミレネール、そして前作ではあまり狙いどころがないように書いてしまったマイネルハニーも、相当な重馬場巧者だ。

たぶん、核弾頭のロードクエストも重巧者だ。

2017年、5月14日。この日は全国的に雨が降って、馬場が悪くなっていた。

この日、不良馬場となった京都では、葵Sをアリンナ、エントリーチケットがワンツーフィニッシュ。稍重となった新潟の、はやぶさ賞を、ウランゲル、ソレイユフルールがワンツーフィニッシュ。

思えば、有馬記念で会心の一撃を繰り出し、ダイワスカーレットを完封した時が「稍重」で、勝った自身の上がりが36秒台という馬場でのレースだった。

JRAの公式馬場発表の正確さウンヌンは抜きと

しても、マツリダゴッホが、「稍重以上の重い馬場」で走ったことはこのレースしかない。偶然にも、すべて良馬場だった。

しかし、このマツリダゴッホは、実は隠れた重巧者、それも超のつくような重巧者だった可能性があるということだ。今となっては確かめようもないが。

これはもう、『最強の重馬場種牡馬』だ。

ここまで重馬場の専用種牡馬は、過去の歴史を見ても、あまり例がない。

オペラハウス産駒などが、重馬場がすごく上手かったし、近年ではステイゴールド産駒も重馬場を切り裂く、特有の切れ味を持っている。

ネオユニヴァース産駒も、個別によるが、重馬場が上手い。

だが、そのあたりとは比較にならない巧者ぶりだ。

これらの種牡馬は「好走できそうなレースの日に、重馬場だったら好都合」といった具合なのに対し、マツリダゴッホの場合「重馬場だったら、なんでも注目」というレベルだ。

僕には、マツリダゴッホ自身が重馬場巧者だったイメージはない。

世間では、『中山巧者』という点だけがクローズアップされていた。

僕はそこに『気性難』という点も付け加えて、長年この馬の本性を書いてきた。

このマツリダゴッホは、現役時代に「気性難ホースだ」と本島が断を下したことだけは忘れない方がいい。

産駒にも、「意味なし惨敗」の気性難を受け継いだタイプがけっこう多い。

しかし、もう、目が離せない。

コースというファクターなんか、ほとんど無視でいいくらい。

マツリダゴッホ産駒は、雨待ち、雨待ち、雨待ちだ

2018年現在、今のところまだ、あまりバレていない

●見捨て切れない小型版オペラハウス、メイショウサムソン

よく聞いてほしい。

今から、メイショウサムソン産駒について、一瞬でイメージをつかまえさせる。

いや、二行でつかまえさせる。

牡馬、東京芝2000mや、東京芝2400mあたり。

牝馬、東京芝1600mや、福島芝1800mあたり。

わかるだろうか。

わからなければ、もう一行追加だ。

「パワー不足のオペラハウス産駒、東京得意な『平坦血統』」。

これでいい。

父の、メイショウサムソンのイメージを持たない方がいい。

ほぼ、「平坦血統」だ。

皐月賞馬で中山が得意だったとか、オペラハウス系だから中山や阪神の坂が合うだろうなどと見ていたら、完全に見間違う。

というか、見間違った（僕自身が）。

夏の北海道のレースで、レッドソロモンを見ていて、わかった。

坂が苦手でもないオペラハウス系で、坂が苦手でもないメイショウサムソンの子供が、平坦血統になる理由がない、と思っていたが、これはとりあえず「平坦得意だな」と。

オペラハウス系なのに平坦血統？　というところだが、産駒たちの走りを見ていると、なぜか明らかに平坦の方が〝競馬がしやすい〟と語りかけてくるようなのだ。

トーセンアルニカがさりげなく、エリザベス女王杯（平坦の京都）で4着。

フロンテアクイーンが、福島芝1800mの重賞で復調。福島牝馬Sで2着だ。

このあたり、完全に平坦血統の特徴が現れている。

切れ者というよりクセ者のデンコウアンジュも、本当に面白い。

東京芝1600mのアルテミスSで、ズバ抜けた切れ味を発揮。

実はこの馬、その直後の阪神JFで僕は単複を買って惨敗したことがある。2015年秋はGⅠ・11戦9勝という記録をつくった僕の、2敗のうちのひとつとなってくれたから、実に印象的だ。そして、この時が、どうも『阪神の急坂で末脚が鈍った感』があった。

このデンコウアンジュ、3歳時は鳴かず飛ばず。いいところなし。「結果的に、あれはフロックだったのかな」と思っていた。

だが、なんとGⅠの舞台、ヴィクトリアMで1年以上の沈黙の時を経て、末脚爆発で2着。

東京マイルの緩い坂と合うのだろう。

まだ、オープンでの好走例はないが、この手のタイプは、新潟のマイルでも末脚が切れるかもしれない。デンコウアンジュに似ている馬がまた現れたら、そして新潟に降り立ったら、どんな走りをするか、注目してみたい。

あとは、「平坦」ということで、おそらく、函館や札幌、それから京都も得意なはず。

って、京都はキレ負けするかもしれないが。

「キレがないのに、パワーもないから平坦がいい」

この状況が、種牡馬メイショウサムソンをブレイクさせなかった理由である。


牡馬より牝馬の方が走っている感もある。

だが、牡馬のオープン馬には、レッドソロモン、そしてサムソンズプライドがいる。

サムソンズプライドが登場したころには、「なんともメイショウサムソンの仔らしい、中山芝1800mあたりがピタリだなぁ」と思って見ていた。だが、撤回する。

これもまた、急坂の中山よりは、東京コースの方がいい。東京芝2000mの方が好走できる。

種牡馬の産駒適性というのは、基本的には牡馬の方が距離が長く、牝馬の方が短いものだから、本項の冒頭で触れた『牡馬、東京芝2000mや、東京芝2400mあたり。牝馬、東京芝1600mや、福島芝1800mあたり』となるわけだ。


まとめると『ローカル平坦の芝1800～2000mが得意』『中山より東京』『阪神より京都』。どうやら、こんな感じの血統のようだ。

特徴がハッキリしているだけに、1頭1頭の見解をつくりやすく、また、馬券にしやすい産駒が多いとも言える。

メイショウサムソン産駒。今こそ、つき合う価値がある。

第4章

日本の騎手の勢力図と仕組みに、断!

2017年ダービー「鞍上、調整中」

アルアインで、皐月賞を勝った松山弘平騎手。

その際、皐月賞後にあった陣営の「ダービーは鞍上、調整中」という発言が話題になった。

この時、僕にわかることは2つあった。

1つ目は、勝つか負けるかはともかく、『外国人騎手に変えるならダービー制覇の可能性は高まるだけ』ということ。

2つ目は、『松山でいっても、彼はおそらく大きなミスはしない』ということ。

「ダービーはテン乗りでは勝てない」というのは幻想だということは、著書『競馬 勝つための洞察力』に書いた。

松山という若手がガッコウ騎手の中では上手い方で、小さな才気を秘めているということは、『合理主義競馬』の中ですでに書いていた。

よって、この時、ダービー鞍上に関する僕のレース前の見解としては、「正直、別にどっちでもいい」というものだった。

ただ、松山が乗っても、松山が勝っても「苦節ウン十年の騎手が、悲願のダービー奪取！」といったテイストのお話にはなりませんよ、ということは念を押しておきたい。

僕は別に、浪花節が嫌いではない。

合理主義者でもない。

その証拠に、ゴールドアクターやゴールドシップなど、日高のヒーローホースなどはけっこう好きなのだ。

ただし、「何億円も無駄金を使い潰す、ＪＲＡ競馬の超無駄まみれな部分くらいは、さすがに合理的に正したら？　主義者」ではある。

その、何億円も死に金を使い潰す無駄まみれの象徴といえば、競馬界では、競馬学校とやらだということは、もう明白である。

そして、『苦節』する騎手なんか、ＪＲＡという箱の中にはほとんどいない。

年間10勝できないくらいの下位の者で、ウン千何円の年収である。

こんな無駄にまみれた賃金システム。

日本中、どこを探しても他にない。

つまり、ただ単に「何年も勝てなかったチョイ成金みたいな騎手がウヨウヨいる」というだけだ。だから、「苦節ウンヌン」といった話はヘンだというだけだ。

もう一度念を押すが、新人でウン千万円の世界である。

え、見当違いじゃない？　と思ったら、ググッてディグッて、ググッてディグッて。

ここで実例をこねるより、その方がザックリとした数字を把握できるだろう。

苦節、を求めるなら、新人時代、激安の賃金体系で乗っていたはずの、ＪＲＡへ移籍してきた地方のチャンピオン騎手のダービー制覇を望めばいいだけなのだ。

だから、松山が降りて、仮に、大井の60歳ジョッキー、的場（文男）さんあたりがテン乗りでアルアインに乗ってダービーを勝ったら、本当の意味での「苦節ウン十年の浪花節」となる。地方のチャンプにのし上がるまでに、彼には生活できないほどの、大変な苦労があったことだろう。

どの業界だって、それで正常。ＪＲＡのガッコウ騎手とやらが、おかしいだけだ。

地方騎手。彼らは間違いなく『苦節』なうえ、勝ち上がってきただけに、腕も磨き上がっている。

競馬場に行くのが好きな編集者から聞くと、しょっぱなから年収ウン千万円なのに、のうのうと生きてきた、日本の若者騎手が涙を流して勝って喜んでいる姿を見て、「この光景こそ競馬だ！」と一緒に涙を流すファンもいると聞いた。

それを、「見事なだまされ方」という。

ＪＲＡというのは、「騎手を育ててはいけないない賃金体系の場」である。

こんな賃金体系で人を育てたら〝勘違い人〟を増殖させるだけだ。

この驚愕の賞金システムを妬んでいるのではない。

何もできない、騎手として才能の有無を正しいピラミッド型の方式で測られることもなく、褒めるしか能がない提灯記事に持ち上げられたことに甘え切り、いきなり世界最高賞金の競馬に放り出されて、感覚が麻痺していくであろう様子を、ただ、真っ直ぐな視線で哀れんでいるだけだ。

妬みではない。哀れみだ。

「上手く乗る」より「キチンと乗る」そして「本当の人馬一体」の意味

「知らない」、と言う勇気は潔い。

エッセイという書き物の根幹にあるものは、俺は知っているぜ、俺はわかったぜ、というもの。それは自画自賛のようであり、また、ひけらかしのようでもある。

そこに清々《すがすが》しさはない。

しかし、ことが競馬というジャンルであれば、話は別。

俺は知っているぜ、俺はわかったぜ、そんな自慢気な陶酔も、「見解」や「予想」として表現され、「馬券」として結実し、競馬という名の知的推理ゲームを制すため、棋士が一手を打つかのような、才気と知性の素となるからだ。

だからなるべく、「知っている」より、「わかっている」の数を増やすこと。

事実や裏話においてではなく、「本質や見抜き」

の面でだ。

2017年、春。クリスチャン・デムーロがフランス版の皐月賞とダービーを連勝した。

ついでに、祖国イタリアのダービーも勝利。すでに欧州全土で、イチ・ニを争える位置にまで飛躍している。

そのことの予言は、2012年発売の『競馬の本質』(第1弾)に記してある。

手前味噌ながらこの現象の予測は、「クリスチャン・デムーロ事件」などと呼ばれ、ビジネス書での生き方・仕事論指南書にも掲載するべき内容とされ、執筆した。

(『自分だけの「ポジション」の築き方』(WAVE出版)に記述。)

これは、僕が5~6年ほど前に予測して書いたことだが、それが現実となってきた。

2012年小倉にて、JRA見参の時点で、ミルコ・デムーロでは逆立ちしてもこの実弟に勝てないということを断言してきた。

才能の差とは、残酷なものだ。だが、「才能の選別」は、プロスポーツ選手の必須事項でもある。

今では、世界的には「デムーロ」と言う言葉は、クリスチャンのことを指すのは当たり前。逆に「ミルコ」と言えば「誰それ?」となるだろう。

もちろん、下手で弱い、日本のJRAの騎手はもっと「誰それ?」状態だろうが。名前くらいは知られている騎手はいるのかもしれない。ただ、世界のトップホースに「ぜひ乗ってほしい!」と渇望されるJRAの騎手はいないだろう。

いるかもしれないじゃないかって? うん、もしいたら、一緒にびっくりしよう。

さて、それではここで、「上手い騎手」、そして、この実力主義時代に、後に必ず頭角を現してくる「実力ある騎手」の見分け方のコツを再確認しておく。

「知っている」から書けることは、しっかり何度も書いていきたい。

（これに関しては多くの書物に記してきたので、本書では再確認程度とする）

イチ、「逃げない・下げない・ごまかさない」中で、どんなタイプの馬に乗っても、『自分の型』にハメた正攻法を、常に安定して打てる騎手

ニ、折り合いのごまかしのために、行き切りの逃げを打たない、下げ切りのドンジリまで下げないサン、馬群の中から逃げ出さない、それをクラスが上がれば上がるほどできる姿を見せている

以上。これだけだ。

つまり……こうだ。

ブレイク寸前の良い騎手は、「正攻法の中で何ができるか」そして、「正攻法の中で連続して繰り出せている『型』」で、完璧に見抜ける

２０１７年、ジャパンカップ。

シュヴァルグランという「実力はＧⅡで一杯、ＧⅠで戦えるとしたら３０００m以上のレース」という評価をしていた馬を、ヒュー・ボウマンが〝勝たせて〟しまった。

僕が、「勝てる」と宣言して複勝を買っていたレイデオロは、鞍上の差で負け2着。

ボウマンのオハコ、〝最速の1角の入り〟で世界の2、3流どころの騎手（たとえば、ルメールとかミルコ・デムーロ）に差をつける正攻法で、〝勝たせて〟しまった。

馬に、マグレとは言わない。シュヴァルグランのことは高く評価し、僕もアルゼンチン共和国杯（1着）、阪神大賞典（2着）と、二度、単複を買っている。

ただし、ジャパンカップのような頂点のレースを勝ち切れたのは、完全にボウマンの腕だ。

そして、ここからが面白いところなのだが、意外にも、「世界の一流とはいえ、日本で結果が出ていないから不安だ……」という素人のファンは、まだまだたくさん、いる。

このジャパンカップの直前には、そういった声を、けっこう耳にした。

呆れて物も言えない。

「日本で実績がない世界的な外国人騎手より、乗り続けている主戦騎手の方が……」とか、冗談でしょう？　というような見解も溢れている。

ただ、大衆がそこまで見る目がないなら、あなたは馬券で〝その隙〟を突けばいい。

僕はルメールで勝負したのだから、これ以上大きなことは言えないが、無視して、テン乗りの世界の一流ジョッキー買うべき。

ただ、前述した通り、2017年3月発売の『合理主義競馬』で、僕のヒュー・ボウマンの評価は98点。「好位でしっかり流れに乗せてくる姿が印象的」「馬群を割るのも巧み」「5月の春シーズンに来日するのなら、次期日本ダービージョッキー候補」と記した。

ボウマンは、一度だけ買ったことがあった。

2016年、目黒記念での、モンドインテロだった。

まったく隙のない、100点満点の完璧な騎乗をしてくれて、5着に負けた。このように、上手く、強いジョッキーが乗ってくれると、わかることがある。

そう、この時に僕は、次の2点を〝知り、わかった〟。

「これで勝てないモンドインテロは弱い、今後はオープン特別でしか買わない」「このボウマンというジョッキー、凄い」と。

いい騎手を見抜くコツ、それは「結果」じゃない、「内容」でもない、「型」なのだ

「型」に、いかにごまかしがないかだ

もうひとつ、本項に記しておきたい。

日本の競馬ファンの多くは「人馬一体」の意味をはき違えてきた。

人馬一体に必要なことは、「ずっとひとりの騎手が1頭の馬に乗り続けていること」からは生まれない。絶対に違うと断言する。

それは、三流以下の騎手が、人馬一体になるための苦肉の策の方法だ。

人馬一体。それは、「跨った瞬間から、レースの中で、馬を押さえつけ、手の内に入れ、縦横無尽にコントロールし抜く、ジョッキーのパワー・技術・才能」によって生まれる。

2017年、ジャパンカップ。ボウマンが跨った、シュヴァルグランのように。

2017年、チャンピオンズC。ムーアが跨った、ゴールドドリームのように。

特に、ゴールドドリームは、誰が見ても操縦しにくそうな馬だ。「下げっぱなし」か「行き切りっぱなし」の騎乗に〝なってしまいがち〟だろう。

それを1角の出遅れリカバー、4角の持ち出し、追い方と、パーフェクトで正攻法差しをやってのけたライアン・ムーアは、まさに、跨った瞬間の人馬一体をつくり上げた。

つまり、1頭の有力馬の騎乗者は、どんどん、どんどん乗り替えるべき。

「乗り続けていることの有利さ」など、「世界的な一流外国人ジョッキーに乗っていただけること」に比べると、何の役にも立たない。

そしてその「乗り替わり」とは、決して「勝ちに固執すること」だけを意味していない。

こんな世界最高賃金の舞台（ＪＲＡ）で、人（騎手）を育てることなど、してはいけませんよ、過去の騎手育成システムは間違いですよ、という、ただそのことの証明だ。


ボウマンに関しては、春シーズンに来日してくれれば「ダービーはテン乗りでは勝てない」という迷信も、かき消してくれることだろう。

さて、近年よく耳にするようになった次の質問を、この前、知人にまた聞かれた。

「その、世界的に見れば二流のルメール、三流もいいとこのミルコ・デムーロにボコボコにやられるＪＲＡの騎手たちって、一体何？」

知らない。それは本当に知らない。

あなたの苦労を即解決
最もわかりやすい騎乗をする横山典

「ポツリ」？　とやらの発動が読めないから、横山という騎手を恐くて買えない、という声をよく耳にする。

これが、昨今の競馬ファンの大きな話題なのだそうだ。


これ、何度か触れている通り、わかりやすいと思う。

僕の答えは明快。

あくまで「重賞で人気馬」での話になるが――。次の通りだ。


ノーザン系以外の馬で、「ポツリ」？　という競馬は発動する。

発動するのは、『ゲートを出て、ガッツリ押っつけて出していくなどの特殊な作戦を立てていなかった（と推測される）場合で、その際、馬が行く気を見せなかった瞬間』である。

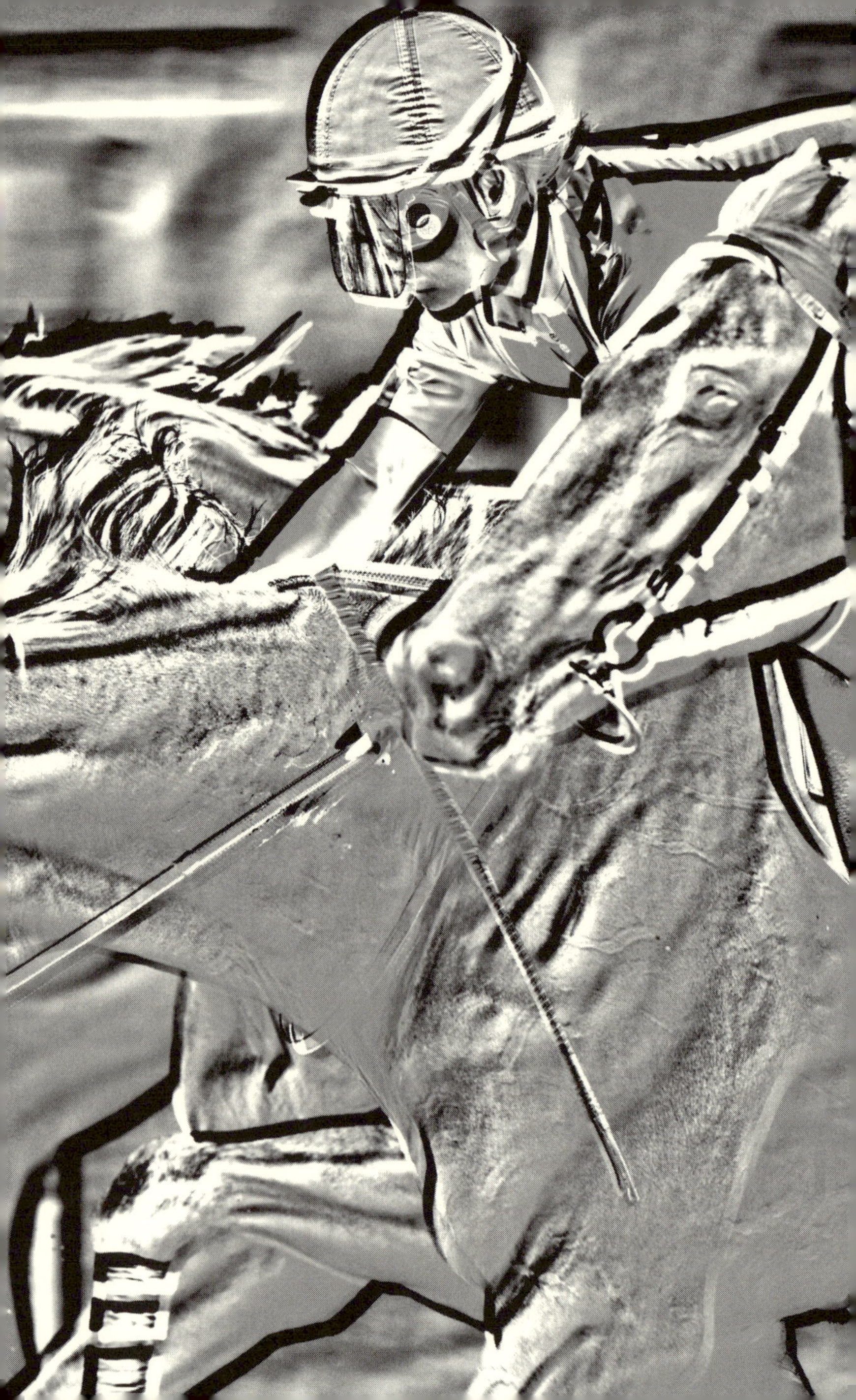

つまり、ノーザン系なら多少、馬に行く気がなくても、極端に離された最後方にはならずに、最低限は流れには乗っている感じがする。

特に素軽い瞬発系の馬（キングカメハメハ産駒など）の重賞人気馬では、「ポツリ」？　とやらは、あまり発動していないと思う。

ゴールドシップ。トウショウドラフタ。ブレイブスマッシュ。シュウジ。ミッキージョイ。ミツバ。このあたりが「ポツリ」？　とやらの、発動ポイントのイメージ象となるわけだ。

横山典が、こういったノーザン無関係の馬あたりに乗る時には、すべて馬券をボイコットすれば、あなたは「ポツン、ほとんど全部回避」となる。

みんなが馬券をボイコットすれば、ＪＲＡだって、何か策を練るかもしれない。

たとえば、馬のケガと心房細動を除いて、重賞では、ビリの騎手には罰金10万円（障害レースを除く）とか。

これは名案かもしれない。これなら全員、最後まで追うしね。

話を戻せば、あとは『コーナーリングが上手い』のと、『馬群を捌くのが上手い』ことと、『追えなくて、舞台が大きくなればなるほど1～2着や3～4着の叩き合いでよく競り負ける』。

この3点くらいしか特徴がない騎手だ。

非常にわかりやすい。

ところが、競馬ばっかりやっていると、「今回、横山典はポツリとやるだろうか、ウーン、ウーン、ウーン」となるのである。

多くの競馬ファンは、無駄なことで、ウーンウーンと唸っている

ちょっと外に出て、他の業界の人と遊び、語り合えば、会社同士の話などになる。

そうしたら、騎手にとってビッグビジネスである、大企業の取引先、サンデーレーシングの〝勝ち駒〟を無下に扱うことなんてするわけがない、という固定観念から入るはずなのだ。そしてその固定観念や、世の中の常識は、競馬が慈善事業ではなくビジネスである以上、必ずどこかでリンクする。

あなたがもし、横山典の騎乗の多くを「奇行」か「天才的な感性」のどちらかに見えるとしたら、それはズバリ、閉じこもって競馬ばかりやっているからだと思う。

横山典が、ノーザン系、特にノーザンのお膝元の「サンデーレーシングの重賞人気馬・瞬発力系ホース」で、いわゆる「ド派手なポツリ」？　のようなことやっている姿は、あまり見かけないのではないか。いかがだろうか。

こうした視点から、その騎乗の質を総括すると、『大企業に弱く、中小規模企業には、突然降って湧いたような自分の感覚を押しつけるかのような騎乗』ということになる。

断言しないし、断定もしない。

あくまで「かのような」である。

騎手の心理までは、聞かなければわからないことだからだ。

そして、特にわかる必要もない。

あなたもそうだろう。その訳のわからない「ポツリ」？　とやらが、できなさそうな状況だけ、わかればいいいじゃないか。

ただただ、わかりやすい騎手。

それが僕の、横山典という騎手に対する印象だ。

ＪＲＡガッコウ騎手、次の新星を指名する

先日、僕のアシスタントとともに、ある競馬書籍の編集者と、札幌駅西口のｂｒｉｄｇｅという施設内にあるイタリアンでの食事中に、こんなことを言われた。

「寸分狂いもない感じ」

前作、『合理主義競馬』にて、僕が各騎手につけた、「私の信頼度」という点数についての感想だ。

この「私の信頼度」が、そのまま、自分の評価基準になってくれたファンも多いと聞いた。

その内訳を簡単に説明すると、モレイラが99点、ムーアが99点、ボウマンが98点、パートンが98点、シュミノーが95点、クリスチャンが95点、ルメールが70点、ミルコが68点、福永が42点。このあたりが、高得点となっている。

この本の発売は、２０１７年3月だったので、２０１６年末段階の点数だが、ＪＲＡでよく乗っている者を中心に掲載し、騎乗の質のみを、イチ競馬論作家が、世界基準という視点で見てつけた点数だ。

前出した北村宏騎手は3点となっている。

そこに記した特徴は、すべて、馬券にキッチリ反映させてきた。

他では――。たとえば、松若風馬。

この騎手には6点をつけた。

「関西圏の右回りではＧⅢまで。左回りでは条件戦も無理」と書いた。

正確には、僕は条件戦を買わないが、少なくとも読者に、左回りのＧⅢ以上のレースでは購入をやめたくなってもらえる、そんな書き方だと、我ながら思う。

２０１７年、関屋記念。3着となったダノンリバティの走りをレースＶＴＲで見返してみてほしい。まず、３角で勝手にフラフラしてオールザゴーに激突しに行く姿。直線は進路を探すことができず、追い出しを待たされすぎだ。

せめてもの救いは先行できていたことで、馬が勝手に頑張ったぶんの3着。松若でなければ2着というレースだった。

本当に、先行していて良かった。この騎手の場合、左回りのGⅢで、もし控えていたら、もっと醜いレースになる。

具体的に？「ミッキーラブソングの2016年パラダイスS（東京のオープン特別、1番人気で8着）」のようになる。

決して、この2017年関屋記念の騎乗ひとつを、わざわざ酷評しているのではない。

左回りの舞台が大きなレースでは、こうなることが異様なほど多く、このレースでもこういう騎乗になることは、「デビューの2015年3月の段階からわかっていた」ということだ。

当然、レース前に出馬表が目に入ると、モトジマ本のファンの方は、「松若の左回りの重賞か、いろいろ大変そうだな……」という見解で見ていたということ。

ところがこの騎手、右回りのGⅢだと、少しマシになる。

先行すれば、進路取りもそれなりにスムーズ。中団くらいの外目からなら、マクり上げていく進出のタイミングがそれなりにキチッとハマって、一応は、ひとつの『型』となっている。

それが、アメリカズカップのきさらぎ賞だ。

右回り。アメリカズカップの野路菊Sときさらぎ賞は『同じ一枚の絵』になれている。アポロケンタッキーのみやこSも、まったく同じ『型』がつくれている。よい絵だ。

左回り。ダノンリバティの谷川岳Sと関屋記念は同じ馬で同じ詰まり方。ダメな絵だ。

ちなみに、2016年の関屋記念ダノンリバティは上手くキッチリ乗っている。これは単純な原理で

「重賞ソコソコの人気馬」ではなく、7番人気で気楽に乗れたからだろう。

「その騎手の、本質」は、重賞ソコソコの人気馬でこそ、剥き身になる

（なるべく3番人気以内くらい、可能であれば1番人気の時だとなお良しで、GⅠの1番人気だと、さらに本質が一発回答で得られることがよくある）

最近では、次の騎手の項目を、自分のノートに追加した。

すべて重賞でソコソコの人気馬に乗ったケースだけを見ている。

・北村友　6点

10年くらい前に「先行馬ではピタリと流れに乗って重賞レースを勝ち切れる」「差し馬では挟まるは、ブン回ししかなく、馬群を捌けたらそれは偶然という下手さ」ということを書いた。つまり、川田騎手や、松岡騎手と、同じジャンルの騎乗の質。

２０１７年現在も、僕の見たところ、その特徴はまったく変わっていない。

この騎手と差し馬とのコンビに関わらなかった人は、馬券的勝ち組だろう。

・丸田　38点

福永騎手に近い点数となった。つまり、馬質が同じなら、福永騎手と同じくらいの成績を出せるだろう、という見立てだ。

4角の捌きのセンスが、他のＪＲＡガッコウ騎手とは違う。センスの良さを見せている。3～4角の進出と、捌き方に注目してほしい。

騎乗の質の「ジャンル」としては、田辺、松山と同じ系統で、タイミングのズレがない差し競馬ができるタイプ。ただし、それを、田辺よりもう一隊列前でできて、松山よりもう少し追える、という感じ。

正攻法にするため、出して行っても田辺より引っかからず、松山より馬の推進力が少し上がっている印象。ただし、もっと腰で追っていい。もっと勝ち切れる。

ひとつ、欠点が。右回りで見られる華麗な4角の捌きが、左回りの方が、やや繰り出せていない印象。ただ、それほど気にはならない程度。重箱の隅を突いただけだ。

2017年現在。僕の見たところ、過去3年ぶんくらいの重賞で、致命的なミスをしたレースが2つほどしか見当たらない。

あとは騎乗馬の質だけ。もし、いい馬が集まれば、もっと重賞も勝てるだろう。

・中野省吾　70点
船橋で3位くらいのジョッキー。JRAのガッコウ騎手よりは上手いが、やはりリーディング1位の常連ではないぶん、戸崎ジョッキーあたりよりは、やや落ちるという評価をしている。

見ていると、『ドン尻から最内へ』『思い切り出していって4角先頭に立ったフリのままワンテンポ遅らせてもう一度スパート』『中団で流れに乗って、馬群を捌き切る』など、いくつか「型」はあるが、どれを見ても「大技」がチラつく。

つまり、ファンタジスタタイプなので、ジャンルとしては、ミカエル・バルザローナと同じだ。

僕は、個人的には、2つ目と3つ目の「型」のみに固執して乗った方がいいと思う。

あとは、どうも「前に行ってくれ」という指示を嫌っているようだが、騎手という職業は、「結果」だけでなく「馬を持っている人に納得してもらう」のが役目。

『前に行ってくれという指示の中で、自分のサジ加減で何ができるか』を見たいので、この騎手には、ぜひ陣営に「前へ行ってくれ」というという指示を、どんどん出してみてほしいと思っている。

こんなところだ。

では、本題へ入ろう。

その『合理主義競馬』の中で、松山弘平には18点をつけた。

JRAのガッコウ騎手としては、まずまず高い得点。

ましてやGI勝ちもない、ただのJRAのガッコウ騎手に対して、「小さな才能を感じている騎手、注目だ」とまで書いた。

発売から、約1ヵ月後。

フランスの怪腕、ヴァンサン・シュミノーが、シンザン記念で総マークのような形で取り囲まれて詰まって凡退した、サンデーレーシングの〝1億円馬〟アルアインの、次走の鞍上に抜擢。

その次走となった毎日杯では、華麗に流れに乗り切り、ノーミスで勝ち切らせて見せた。

余談になるが、2016年末〜2017年年始のヴァンサン・シュミノーの騎乗は、どれも凄まじいレベルにあった。万葉Sの勝ち方など、「淀の3000m超えに、騎手の経験値必要なし、必要なのは才能の方」の完全証明だった。

というより、そもそも才能の篩《ふるい》にかけられ選別されてきたのだから、当然だが。

そのせいか、シンザン記念ウィークなどが、まさに〝総マーク〟状態。

これは2015年夏、ジョアン・モレイラが札幌で勝ちまくり、最後の最後に、エポワスに騎乗したキーンランドCで、ガッチガチに閉じ込められた時のようであった。

このあたり、JRA騎手のガラパゴス臭を感じるが、ハイクラスの締め合い競馬になっているわけだから、方向性としては正しいことだ。

僕は誰の味方でもない。外国人騎手の味方でもない。凄いものは凄い。ただそれだけだ。

まぁ、制度を、もっと何人もの外国人騎手が同時に乗れるようにしなければダメだが。

話を戻すと、松山弘平のように「ＪＲＡのガッコウ騎手なのに、平均していつも、キッチリと、満足に競馬に参加させられる腕の者」も、いることはいる。

本書では、もうひとり、名指ししておきたい。

藤岡康太。

これは評価が低すぎると思う。

松山弘平が競馬上手な馬をキッチリ流れに乗せ切るのに対し、藤岡康太は、競馬がギクシャクしている馬や、ズブい馬でも、馬群の中を掻き分けるように進出することができる。

タイプはやや異なるが、実力が過小評価されている騎手といえる。

玄人連中は、よく、「和田と幸はセット」と考えている様子が伺える。
(騎乗の質がかなり似ている)、けっこう信頼している様子が伺える。

正しい。

支持する。

その見方、断固支持する。

この２人はＪＲＡ騎手のわりには、いつも「キチンと競馬になる」レースを見せてくれている。

僕の見たところ、先行馬ではこの２人が、ほぼ同じレベルで、同じ質の乗り方。ただし、差し馬でも〝まずまず〟のことができるのは、幸の方。

モトジマノートの騎乗評価点数では、和田が25点。幸が28点だ。

そしてここに、藤岡康太も加えていい。

25点だ。注目してほしい。

松山弘平も、このあたりで、27～28点に上げていい。

重賞で勝ち負けできる馬が回ってきたら、おそらく「結果に関わらず、キチンと勝負になる騎乗」をしてくれると思う。

現在、彼の乗り馬を見ていると、腕が過小評価されているのを感じた。


さて、アルアインは3歳の秋にルメールに乗り替わりとなった。

これは当然。

ルメールが相手では、松山弘平では、まだ比較の対象になれていいない。

そしてここが重要なのだが、いくら松山がＪＲＡのガッコウ騎手の中で少し才気があっても、ＪＲＡという世界最高の賃金体系である舞台は「騎手を育てる」という行為を絶対にしてはいけない。ここだけは繰り返し記していきたい。

今、日本競馬は「世界最高の賃金競馬ＪＲＡの舞台で、なんと新人騎手を育ててきた」という過去の大きな過ちを、正している最中といえる。

松山弘平は、もう「新星」という年齢ではないが、そもそも、もともと新星なんか出現しようがないシステムだ。

少数精鋭ではなく、ただの少数育成で、それも身内ばかり入学できる競馬学校でやっているのだから、10代の新星など、現れようがないのである。

そう、90年代ガラパゴスジョッキー競馬でもない限り。

そしてその時代の新星は、ただの幻想だった。

丸田に、藤岡康にと、珍しく、ＪＲＡのガッコウ騎手の良いところも見つけている？

見つけてない。目についただけだ。

珍しくＪＲＡのガッコウ騎手に優しい気がする？

優しくない。正しいだけだ。

「乗れている」と、「単に最近よく勝っていること」は、まったく違う

さて、2017年、アルアインで皐月賞を勝った松山弘平。

ご祝儀的なものなのか、それによって「乗れている」と思われたからなのか、いろいろな馬が、彼のもとに集まっているように感じた。

この現象はおそらく後者によるもの。そう、「乗れている」と思われたのだろう。

だが、松山騎手は、以前からのこのくらいは「乗れていた」。

そのことは、前作『合理主義競馬』にて、現在の松山騎手の好転した状況を予言するかのように書いたことからもわかる通りだ。

あとは、そこそこ、馬さえ集まれば――。

というほど、何年も前から「乗れていた」のだ。

僕が『合理主義競馬』でつけた、100点満点での18点というのは、かなり低く感じるかもしれない。

だが、前作を読み返してもらえればわかる。「JRAのガッコウ騎手で、GI勝ちがない」という騎手に18点を付けているのは、珍しいくらい高得点なのだ。

一時期、先行馬と関東圏での競馬ぶりを絶賛したこともある、吉田隼人という騎手が17点なのだから、松山弘平をどれだけ見抜けていたか、理解してもらえると思う。

話を戻すと、バカ逃げを打ったり、その次走でドンジリ強襲をやってみたりと、まるでJRAのベテラン騎手のオモチャのようになってしまっていたカネヒキリの忘れ形見、ミツバが、ブリリアントSで乗り替わり、松山弘平になったのは印象的だった。

「この馬はルメールに替えれば、もっと普通の取り口で競馬をすることを、連続して繰り出せる」

これが僕の評価だったが、「ルメール」のところ

を「松山弘平」に置き換えてもよかったわけだから、松山弘平、やはりなかなかのものだ。

だが、繰り返すが、これまでだって松山弘平は、勝つ時も負ける時も、同じようにキッチリ「乗れていた」。毎日杯でアルアインに乗ることになった際には、勝つか負けるかはともかく、「キッチリ競馬はできそうだな」と思ったものだ。

ここでは、ブレイクする騎手を見つける時に重要なポイントを挙げていく。

僕は騎手の〝ここ〟を見ている。

・本質が剥き身になる、なるべくオープンのレースしか見ない

・参考材料にならない、ガラパゴスジョッキー競馬時代の馬群での実績は見ない

・逃げない、下げない、正攻法の中で何ができるかで見る

・「結果」で見ない、「4角までどう持ってきたか」「レースをさせたかどうか」で見る

では、これからの松山弘平について、アドバイスをしたい。

松山弘平にアドバイスするんじゃないよ。

あなたに、だ。

僕は常に、競馬ファンと同じ目線でいる。

僕は、競馬ファン、その中で「まっとうな視点で競馬を見ようとしているファン」と、常に同じ立ち位置にいたい。

松山騎手の今後のコツは、『田辺化しないこと』である。

この男の騎乗の性質は、もともと、田辺に近いものがある。

差し馬での競馬が、かなりなめらかで、良いタイミングで動けており、上手いのだ。

しかし、そこに溺れると、今の田辺騎手のような状態に陥り、「ゲートを出たら折り合いを一旦リセットする」ような乗り方や、「一完歩目が遅い時にリカバーして馬群に突っ込んでいかない」乗り方になってしまう。

これだと、多少折り合いがよくても、単に後手を踏むだけとなる。それでは、世界基準からズレが生じていく。

松山弘平の良いところは、差し馬が上手いのに、先行して流れに乗ることも、同じくらいの割合で、しっかりできることだ。そこを崩さないでほしいと思う。

弱点も、ひとつ。

現状、追えない。

この見方も、ぜひ覚えておいてほしいが、「〝追えない騎手〟とは、フィニッシュでまで追う体力がない騎手」で、見抜けるケースが多々ある。

〝追わなかったこと〟が話題になる騎手もけっこういるが、「追わないは、追えないのオブラート」だという視点も持つと、より、騎乗の質が見えるようになる。

この松山弘平でいうと、2017年秋のレースだけでも、もちの木賞のサクラアリュール（3着）、デイリー杯2歳Sカツジ（2着）、八坂Sケンホファヴァルト（4着）など。

フィニッシュラインで、ヘナヘナ追っている。

追う力が持続できないイメージ。このあたりはザ・JRAのガッコウ騎手という感じ。

馬がアラアラになった時以外、ゴールのフィニッシュラインへ向けて、追うパワーが持続しながら増していくレースを繰り返すのが、「追える騎手」のひとつの指標だ

その体力とパワーを、我々は「ジョッキー」と呼ぶ。

話を戻してまとめると、本項で記しておきたいことは「勝っていること」と「乗れていること」は、まったく違う、ということだ。

「乗れている」というのは、結果じゃない。勝っても負けても、これは上手く持ってきたなという形で直線を向いていることや、直線入り口でまるで同じ一枚の絵のような騎乗を何度も繰り返していることを指す。

そう、先に挙げた4点のコツとリンクすると思う。「乗れて」いれば、「勝てて」いなくていい。キチンとした仕事をしている人は、キチンと見てくれている人がいて、いずれブレイクする。世の中の定理だ。

テレビの競馬中継が口にする「乗れていますね」は、単に勝っているだけの騎手を指しているようだ。あなたはそこを勘違いしてはいけない。

あなたは、「負けているけど乗れている騎手」に目をつけてみてほしい。結果は出ていないけれど、すでに上手くなっている騎手、結果は出ていないけれど、すでに復調している騎手などを、それで見抜けるようになるだろう。

では、あえて、2016〜17年に、JRAの競馬で大きな結果が出てはいないけれど、明らかに「乗れている騎手」をここで3名、指名しておこう。

先に予測しておくが、もしこの3人の地方競馬のジョッキーが、JRAに移籍した場合、JRA全体の騎手勢力分布図は大きく塗り替えられることになる。

そう、この男たちは、戸崎圭太や内田博幸と双璧。下手をすると、それ以上の衝撃。

モトジマの中では、その騎乗を細かく見させてもらった結果、すでにクリスチャン・デムーロ以来の、大きな感触を得ている。

JRAへの移籍さえできれば、JRAのガッコウ騎手では、おそらく逆立ちしても追いつけない、溢れ出る才気だ。
レースVTRをチェックし、あなたの中でもよい感触をつかめたら、今のうちから大いに周囲にも語り尽くしてほしい。

1人目は、2000年初頭、馬券の奥義というシリーズ本からしつこく記してきた男。
2人目は、今、JRAでその才能が爆発し、すでに結果が出始めている男。
3人目は、まだJRAではノーマーク、だが、その『型』に太鼓判を押せる男。
あなたは今から、この3人のジョッキーの全動作を見よ。
そして自分に叩き込め。
本島ノートでは、3人平均で90点以上という評価。

御神本訓史95点、吉原寛人95点、佐藤友則90点
この男たちの、全動作を

第5章

競馬人、競馬ファンの心構え

夢中になれることは、どんな力をも引き上げる

I don't know you
But,I think I hate you
（僕はキミのことよく知らないけど、きっとキミのこと嫌いだと思う）

アメリカのパンクバンド、グリーンデイのチャンプという曲にあるフレーズだ。

16歳の冬。僕が〝ヤラれた〟スーパーキラーフレーズである。

今もまだ、真夜中にこの曲を聞けば、一瞬にして16歳の冬に引き戻される自分がいる。

本書でも触れてきたが、僕は、自分が人からどう見られているのか、まるで興味がない。

興味がないから、人にも聞かない。インターネットでの評判も見ない。だが、少しばかり「競馬本での印象」に特化して想像してみると、まぁこんな感じだろうか。

「正論だけど言い方が嫌い」

そうかい。

「俺は正論だと思わない。」

そうかい。

「本を読んで、着眼点が変わった」

ありがとう。

「本島なんか好きじゃない」

俺もおまえが好きではない。

こんな感じだろう。しかし、もうひとつ……。

「とにかく、レースVTRをよく見ているのがわかる」

これ、僕はいつも、これを言われる時だけ、なんだかムズ痒くなってしまうのだ。

なぜなら、反論もなければ、気の利いた切り返しもできないから。

「はい、そうです」と、ただ黙って、顔を赤らめて答えるしかない。

これは、周囲の競馬好きの者からも直接言われている。

だから〝本当に言われていること〟であり、〝きっと言われているであろうこと〟ではない。

20代の僕は、表現者になるために、競馬を深く突き詰めていた。

競馬力を高めたら、表現者、特に作家になれる。そう思っていた。

そして、なれた。

レースや血統における事例、パターンを分析し、解析し、噛み砕き、レースVTRで確認に確認を重ね、競馬の『型』にしていく。

パターンを型にするうちに、これはスポーツのスウィングと一緒だよなぁと、ひとり呟く。そしてまた、レースVTRを見る。

若い頃は、1日、7~8時間くらい見ていただろうか。夢中だった。バカですね。

10年くらいの時間、僕は夢の中にいたのだと思う。

ただし、ここで誤解をしないでほしい。

「好き」であることは、確かに自分を夢中にさせる、もしくは一時的に夢中にさせることができるが、書くことのテーマを「好き」でも、作家にはなれない。それは競馬作家でも同じことだ。

「競馬が好き、ではダメ」と言っているわけではない。僕も競馬は好きだ。

「あなたより好きかどうか」とか、「死ぬほど大好き！かどうか」は、わからない。

好きの度合いの大きさでプロになれるなら、誰も苦労しない。

だが、それでも競馬が好きだから、週に多くの時間をかけて、解析・分析の作業にあてている。

しかし、好きだからといって、その書き手になれるわけではないのだ。

「好き」な人よりも、「得意」な人の文章には、役に立つ要素、深みある要素が、たくさん、たくさん、散りばめられている。人は、そういう本に惹かれる。

起承転結のしっかりした文章を書くより、音楽でいうと、イントロをカットしたような、短文を飛ばすような書き方で、その「得意なこと」を発信すると、喜ばれる。

我々ファンは、常に「本物に触れたい」と思うものだ。

すると、「物書きは、別に誰しも講師ではない」みたいな話に展開しそうだが、もはや物書きは講師でなければ存在できない時代に入っている。

長くなるのでこの話は割愛する。

何度も話を戻さなければいけない本で、なんだか申し訳なくなる。

「競馬に関する文章」ということで言えば、どんなご立派な文章も、どんな見事な言い回しも、最後の結論での「レース見解」が的外れだと、無意味なものになってしまう。

説得力が何もかも吹き飛ぶという、残酷にして、書きがいのあるものなのだ。

競馬には『正しい勝ち方』がある。

そして競馬本には、読むに値する『正しい本』がある。

そのことを、あなたの中にしっかりと根付かせてほしくて、本書のテーマである「競馬における正しい」とは何かに沿って、この項目を書いた。

本書の読者に、若い男たちがどれくらいいるか。それはわからない。

だが、夢中になること、ただひたすら打ち込めること、それを見つけてほしい。

人生は、それを見つけられたら、あとは何があっても楽しく過ごせる。

無数になくてもいい。

ひとつか、ふたつ、みっつ。それくらいでいい。

僕は君のこと、よく知らないけど――。

無我夢中のまま、遊ぶように仕事をし、遊ぶように大人になって、そんな愛おしい日々の暮らしの中で、「得意」なことだけをして、遊ぶコミュニティを自分でつくり、それをまたそのまま仕事にし、人生を、純粋な楽しさで埋め尽くしてください。

僕は今でも、好きなものだけを握りしめています。

埃をかぶったグリーンデイのアルバム、ドゥーキーを引っ張り出し、CDのケースを開けてみる。チャンプが収録されている1枚だ。

そこには、グリーンデイに対する、こんなキャッチコピーが書かれている。

『退屈なイントロとか、長ったるいアレンジなんかは、金輪際必要ありません』

競馬を見ることの大きな意味はこういうことだ

今、競馬人気が少しだけ復調傾向にあり、新規の競馬ファンが参入してきている。

競馬は、生と死、特に馬の生と死と向き合わされるスポーツだ。

若い人が、無意識のうちに目に見えない何かを学ぶには、とても適している。

最近では、ホエールキャプチャが産んだ仔が、瀕死の状態から、奇跡的な回復を見せたことが話題となった。

競馬の世界には、デビュー前に、牧場での調教中の事故で命を落とす馬もいる。

一口馬主などをやっていると、クラブの会員になることで、自分の持ち馬以外の情報も見ることができるため、そういった悲しいシーンを耳にする機会も出てくる。

芝の馬場が硬いのもケガの要因かもしれないが、日本の場合、路盤の影響で、これ以上は柔らかくできないとも言われているし、硬さがケガの大きな要因とは言い切れない。

確かに、欧州のように柔らかい方が……という気持ちもあるが、欧州は柔らかいぶん、芝生の質も悪く、ボコボコ感もあり、かえって脚を取られそうな気もする。

何が正解かはわからない。速すぎる高速馬場だけは、不必要だが。

スマートシャレードを襲った、突然の重病。

トウカイトリックを待っていた、辛く、早すぎた最期。

タガノトネールと、もう会えなくなった日。

モンサンレガーメが、もがき苦しみながら、下がっていった場面。

エクストラブレンドの、デビューを見られなくなった、会員さんたちの想い。

スティーマーレーンの、あってはならない人災。

アドマイヤデウスが、頑張り抜いた日々。

何もかも、その全部が、忘れられない瞬間になることだろう。

僕は、この両目が見える限り、目に見えないものなんか信じない。

だが、1頭の、自分が深く知ろうとし、研究して没頭した馬がいなくなった時、目に見えない何かを学ぶことができる。そのことだけは知っている。

そのことだけは、目に見えない何かと表現してもいい。あまりにも、そう、あまりにも言葉にできない、悲しみだからだ。

最後に。本項を「ホエールキャプチャの17」に捧ぐ。


生きろ。

地方競馬を、元重賞勝ち馬たちの余生の一環に

もう少し、地方競馬のシステム整備が進めばいいのにと思うことがある。

競馬場はガラガラでも、馬券の売り上げはなかなか健闘している地方競馬。その馬券の売り上げ向上の大きな要因は、インターネット、主にスマホからの投票だろう。

今、楽天オークションで、元中央馬が売られている。

見たことはないが、『中古』と表記されるそうだ。それ自体は、オープンなセールでいいが、まずは、この表記、なんとかならないか？

物じゃないんだから、『中央引退後』とかで、いいじゃないか。


こういった売り上げ増や、楽天オークションというセンセーショナルな場に馬が出ていることもあり、地方行きとなった元中央馬の、その後の様子に、いやがうえにも注目が集まってくるだろう。

地方競馬も真剣勝負。むしろ、特に騎手は「JRAの騎手よりレベルが高いのに低賃金」なぶん、着拾いにこだわってしっかり追い、出走回数にもこだわって出す場所だ。何より、追う腕、馬を動かすパワーに長けている。

最近だと、道営からダブルシャープが現れた時、僕はヤマノブリザードやネイティブハート以来の、ワクワクする気持ちをもらった。「強い生粋の地方馬」って、本当に何よりもいい。そういう気がする。

２０１８年は、佐賀で強すぎるスーパーマックス（名前の単純さ、逆に強烈ですね）が、中央の芝のGⅢ、チャレンジカップで5着に入り、賞金４１０万円を持って帰ったレースがアツかった。

過去では、ミツアキサイレンスが、ジャングルポケットを差し返しそうになった阪神大賞典などが、多くの競馬ファンの心に残っていると思う。

こういった現象が最高である、と先に念を押しておきつつ――。

ＪＲＡの馬は、世界の一流馬のハシクレたち。

特に、ＪＲＡの重賞ウイナーのような、世界的に見て優遇されるべき高齢馬の場合、「元ＪＲＡのヒーロー枠」的な活躍の場が、地方にあってもいいのではないか。

一般的な地方馬とは違い、出走回数を押さえ、とにかく「コイツにとって余生の一環、だから収支もマイナスでいい」と考えることはできないか。

晩年のナムラコクオーに、「何か少し優遇する」ようなイメージで。

本来、中央で頑張った重賞勝ち馬が愛馬の場合、無条件で種牡馬か乗馬になれていいと思う。

だが、そういう頑張り抜いたクラスの馬でさえも、乗馬として養うことも嫌だというオーナーもいるだろうし、「黙って乗馬よりは、カイバ代金くらいはもってくればいいか、ファンも走る姿を見て喜んでくれるし」という志向で、地方競馬で走らせてくれたらいいのにと願う。

あとは、クラウドファウンディングで、何か新しい発想のシステムが欲しい。

全馬を救うことはできなくとも、元一口の愛馬や、応援していた馬を守る新しい発想は、地方競馬の馬券が売れている今、本当に、急務となっている気がするのだ。

「経済動物だから仕方ない」という声には耳を貸さない。

その声を発している者は、自分で「動物だ」と言っている。

そう、動物だ。馬は、命ある生き物だ。

人間のエゴで、走るために誕生させられた。だから、1頭でも多くの余生を救う方法も合わせて考えなければいけない。

拙書『競馬 勝つための洞察力』や『合理主義競馬』という本でも、そういったことには触れたが、基本として、競馬は合理的にしてはいけない。

身内のお城で、まるで既得権益の守銭奴といった雰囲気の、競馬学校のような、超がつく非合理的な場所、ハッキリ言っていらないものだけを、合理的に改善すればいい。

言葉を話せない馬たちを、ただやみくもに、そしてメチャクチャに、合理的に走らせてはいけない。いや「合理的に救う方法」を考えるべきだ。

馬が、経済動物ということは知っている。それでも――。

東北で散った、中央GI2着馬、ダイワマッジョーレのような、どんな思想信念を持っている人が見ても「かわいそうに」と思うような悲劇は、できることなら、もう見たくはない。

競馬には、つらい出来事が多すぎる。なんでだろうね。

新たな一口クラブ「DMMバヌーシー」は成功するか

2017年のセレクトセールで、ジェンティルドンナの下や、キタサンブラックの下をなど多くの高額馬を競り落とした、「DMMバヌーシー」という新しい一口馬主クラブが話題になっている。

この試み、果たして成功するのだろうか。

「まず、ドナブリーニの牝馬、募集価格が『(おそらく)4億円超えになりそう』って高すぎないか」と、ツッコミたくなる。

これは、牧場系クラブか、バイヤー系クラブかの差であり、バイヤー系クラブがこの手の、日本でイチバンというクラスの良血を手に入れようと思ったら、セレクトセールで買うしかなくなる。割高になるのは当然の定理だ。

そう、最初に、「良質な馬を、血統価値的にある程度適正な価格で提供できる」という点で、一口馬主をやるなら「牧場系クラブの方がいいに決まっている」のだから、まずそこからして、結構な不利だと思う。

DMMバヌーシーは、自分で馬を仕入れる、バイヤー系クラブだからだ。

そうすると、「ジェンティルドンナの妹が1人4万円」って、安いように見えるだけで、単に高いよねという話になる。

「1人、4万円」。これは、単に1万口くらいの募集にして細かく刻んだだけで、それって単に「4億円募集です」って話だ。

もう少し、具体的な話をしよう。

大まかにしかシステムを把握していないのだが、「1頭につき1万口というのがベースで、誰でも入会できて買える」「経費も馬代金込みでまとめてある」「週に3~4回、愛馬の動画が見られるのが特徴」という、2017年時点の情報を基に考えると、いろいろと、厳しいだろうと推測する。

このやり方を見ていると、おそらく「一口馬主をやる人は、まさか投資という観点なんか持っていない、競馬愛だけが満載で、とにかく愛馬の姿をたくさん見たい、純朴な庶民なのだろう」という視線で、こちら（僕やあなた）を見ているように感じてしまう。

そういった〝理解ある中〟で、愛馬が少しでも強くなる姿を共有できれば、といった試みのように感じるのだ。

だからこそ、「たった4万円でフォーミリオンホースの馬主になれますよ」という切り口を打ち出すのだと思う。

確かに、面白いことは、面白い。

だが、肝心なことは、一口馬主好きの多くは〝競馬ツウ〟だということ。

自分がいくら出すのかより、まず先に見るのは、「募集総額の適正さ」の方だ。

この募集総額が理に適っているか、それとも〝盛って〟いるか、いや、絶妙なラインだとか、そんな見方をして語り合うもの。

第1弾の募集馬を見ると、目を引くのは「ベネンシアドールの2015」。

これはセレクトセールにて1億9000万円で購入し、会員募集総額は4億1714万4000円。

費用をすべて先払い、細やかな愛馬の情報料も込みとはいえ、この価格はずいぶん〝盛った〟印象だ。

週3回も愛馬の動画を見られなくてもいいから、募集総額をまっとうなもの、言わば、ギリギリのラインで提供してくれる方が、多くの人が喜ぶような気がする。

どうせ一口馬主というのは損をするものだし、そもそも多くの馬主さんはマイナスでやっているのだし……という当たり前の状況は、ほとんどの一口会員は知っている。

そのうえで、それでも一口馬主をやっている人の本質や、「求めていること」、そしてその根底にあるものを僕は見抜いている。それは――。

それでも『当たり』という夢を求め、『とにかく勝ってほしい』ということ。

そして何より、『納得させてほしい』ということ。

この2点なのだ。

もっと言うと、一口馬主会員の本質は「自分を素人競馬ファンと一緒しないでほしいという自尊心を『納得』という形で埋めてほしい」ということだとすら思っている。

だから、結果そのものより、「レース選択の使い方」や「騎手選択」にウルサイ。

あくまで会員なので、愛馬のローテに口出しはできないとはいえ、ブログなどでガンガン、自分が思っていることを言ったりするだろう。

そう、とにかくウルサイ連中なのだ。

そして目が肥えている。僕や、あなたみたいにね。僕がこの、DMMバヌーシーの企画から感じるのは「競馬にそんなに詳しくない皆さんでも手軽に楽しめますよ」という雰囲気だ。

それは、実は、多くの一口馬主会員さんたちのモチベーションと反比例しているということ。

彼らは、手軽さを求めていない。

便利さは求めているかもしれない。だが、お手軽さは求めていないと思うのだ。

たとえば、僕が好きなキャロットクラブは『アワーブラッド』というスローガンが有名だ。これを断固支持する。

アワーブラッドのシステムは、ある意味では〝一見さんお断りの割烹〟に近く、かといって、別に誰かの紹介がいるわけでもない。

そのシステムは、本当にわかりやすく、「まずは現在の会員さんが最優先で馬を買えます」「中でも、母馬に出資していた方は優先的に買えます」「昨年も買おうとして抽選で買えなかった人は、その次に優先的に買えます」といった形。

要するに〝カネ持ってたら勝ちだろ、一口ずつ全部根こそぎ買ったる〟的な無粋な買い物ができないシステム。

本当にそれができるほどの方はセレクトセールへという、牧場側からの明確な意思表示を感じられる。

牧場系、特にノーザン系の「本家・人参・絹」と称される御三家（サンデーレーシング・キャロットクラブ・シルクレーシング）が、こうした空気感で、既存の会員をとても大切にしてくれる。

バイヤー系より、牧場系の方が強いと書いたが、牧場系の方が、品があるともいえる。

そして――。

自分を素人ファンと一緒にしないでほしいと思っている、目の肥えた一口会員さんたちは、こういった形式で、「自分たちを、じっくり血脈と向き合わさせてくれる」という、品の良さに惹かれている部分もあると思う。

それは、1頭の母馬の血脈に早くから注視し、少しばかりの出資でも、その仔を優先的に持つことができる、微力ながら自分もその一端となってこの血脈を育んできたんだなぁという想いを持てる、競馬の本来の奥深さに近い楽しみ方。

そう、血脈を掘りあてるという、競馬玄人そのものの楽しみ方なのだ。

別に、バヌーシーさんを否定してはいない。

何事も、新規参入があることは活性化となり、凄くいいことだ。

だが、僕には、他にもツッコミどころが2つほどあった。

それを記したい。

1つ目は『感動の共有』という言葉。

競馬というのは、多くの馬が未勝利馬で、廃用となる。その時に心の中に残るのは、感動ではなく、無力すぎて感動をさせてくれなかった愛馬への「感謝」と「情」である。それは「感動」とは少し異なる感覚のように思う。

2つ目は『固定観念をぶち壊す』という言葉。

たとえば、誰もが一口馬主の現状に不満がありまくるとか、超間違いだらけの業界だとかなら、固定観念をぶち壊すのもいいかもしれない。

だが、現状、僕の周囲に大勢いる、サンデーレーシングやキャロットクラブの会員さんたちは、たとえ結果が悪くても、みんなけっこう納得できていて、満足して、満喫しているような気がする。

つまり、ぶち壊す要素、ぶち壊す観念が、そもそもあまりないような気がするんだけど……という点。言葉自体はかっこいいですが。

一口馬主。

何が成功で、何が失敗かは、わからない世界である。

だから、DMMバヌーシーというのが、成功するか失敗するかはわからない。

会員さえ集まれば成功なのかもしれない。

しかし、今ここに記したような観点から、ひとつだけ、わかることがあるはずだ。


お手軽簡単、誰でも馬主気分になれる雰囲気が漂う、「1万口募集で、費用先払い」

これは、募集総額の吟味を楽しみ、お気に入りの血脈を掘り当てて見守ったうえで、1頭の馬や1つの血統と苦楽をともに育むような「実感」という、玄人たちの競馬の愉しみ方とは、真逆であるということだ

競馬本というジャンルを、あなたとともに、もっと大きなカルチャーに

競馬愛はあるつもりだ。

だが、「自分は本島サンより競馬愛がある」とか言われると、そーですね、そうかもね、となる。僕は、競馬愛の大きさの競い合いはしない。


競馬本愛もある。

計ったことはないが、こちらは、競馬愛よりもっと強い。

僕を育ててくれた場所だからだ。何度か同じ話を繰り返してすまないが、僕の20代の日々は、ただ、競馬の事例の噛み砕きと、レースVTRの徹底したフラットな解析だけに捧げた。

それは、競馬愛ではなかった。

単に熱中したから、そうした。

なぜ熱中したかは、表現をしたかったから。競馬

本を書きたかったから。せっかく競馬本を書くなら、少しでも内容を濃くハイレベルなものにしたかったから。

僕の頭にはそれしかなかった。

それを、ストイックだという人もいる。

まったく違う。見当違いだ。

僕はただ、夢中になって深夜、明け方までそれをした。

結果、今の騎手がどう上手く乗るか、どう下手に乗るかなんて、最初からすべて手に取るようにわかる。その騎手ができる「型」なんて、すべて把握している。

強気に書いてない。わかるから、わかる。それだけだ。

僕が愛を込めて接してきた、この競馬本という世界。

もうちょっとだけクリーンで、ギャンブルギャンブルしてなくて、もうちょっとだけ競馬を知らない人たちも見てくれるような、大きなカルチャーになればいいのにねと、たまにそんなことを思う。シラフだよ、今。

競馬作家というのは、ステータスが低い職種かもしれない。

インターネットで、ブログで、レビューで、居酒屋で、競馬場帰りのオケラの道で、悪態をついているようなバカどもの、そいつらのストレスの捌け口で、そいつらの卑屈さの捌け口で、そいつらの妬みの捌け口で、そいつらの劣等感の捌け口で。

悪口言われる、粗末な対象。

そんな風に扱われる、競馬物書きたち。

だが、それが嫌だからといって、いちいち何か反論をしようとは、僕は思わない。

僕は思う。

別にいいよ。

そいつらのストレス、卑屈さ、妬み、劣等感、全部まとめてカルチャーでいいよ。

競馬はそんなに、神聖じゃない。

そこのあなたの捌け口でいいよ。

悪口の対象。全然いいよ。

この本も、「評判」って名のオモチャで、悪口を言って遊んでほしい。


そんなウジウジしている奴らには、関わらないで生きてきたし、かける言葉も、言える言葉も、僕はあまり持ち合わせていないけど。何か言えと言われたなら――。

おまえ本当は、ロマンチストだったろ?


最初の最初に、競馬を見た日。

最初の最初に、競馬の雑誌を、競馬の本を、両手の上に乗せたあの日。

そこに視線を落とした瞬間。

あの日のコンビニ。あの日の本屋。あの日の立ち読み。その瞬間。

おまえ本当は、ロマンチストだったろ?

あの日のおまえの目の中に、小さな宇宙の銀河があった、その日のおまえの、あの輝いた目の奥に、確かにあったキラキラが、僕は少しだけ、愛おしいけどね。

最後に――スタイルは、「ほんの少し」を大切に――

土曜日の午後。

僕は、主催している卓球クラブの指導のため、タクシーで練習場へ向かう。

練習場の100m手前くらいに、美味しいパン屋さんがあり、いつもそこでハード系のパンを買ってから、練習場へ入る。

余談だが、パンというのは食べる量に限界があるそうで、大食い選手権などでは、ハード系ブレッドはあまり使われない。

僕もひと口サイズで「質」を重視。ちょっと噛みしめるだけのサイズ。それくらいが、ちょうどいい幸せの味だと感じる。

そんなことを思いながら、練習場に入る。

待っているのは、20名ほどの中・高・大学生たち。時間は2時〜夕方5時まで。選手たちはウォーミングアップのため1時30分に入る。

今は、練習場の使用料のみで、無料のスクールとして運営している。

もし、初心者で溢れ返ったら、そこだけを〝子どもクラブ〟的にスクール化しようとも思うが、僕の場合、遊び場には、銭金の関係性はいらない。

とはいえ、始めてから2年で、国体の地区予選優勝者が出てしまったから、希望者が溢れてきてはいる。

帰宅してから、夕飯の前に、スマホの動画ボタンを押し、家を出る前にスマホで馬券を購入していたレースの動画を見る。

この時は一度しか見ない。どうせ、日曜日の夜にまとめてもう一度見るのだ。

これが、中央競馬が行われている土曜日の、僕の過ごし方の一例だ。

先にも書いた通り、買う馬の見定めはずっと前、その馬のレースが終わった日に「次に買おうと」決めてある。そしてそれをチェックするのは月曜日と、木曜日に済ませてある。

木曜日に集中して見解をチェックする方が、じっくり腰を据えてできる。

僕はレースの直前に「あれを買おうかなぁ、こっちを買おうかなぁ」とやる行為が、今も昔も、凄く嫌いだ。

人生には、潰すような暇や、潰すような時間は必要ない。

ただ、今この瞬間、そう、瞬間を、燃やすようにして何かをつくり、積み上げ、築き上げ、生きることだ。

競馬の本を書いてきた6200日ほどの日々から、それを見つけ出した僕は、なんだか凄く晴れやかな気分。

最近は、晴れている日が多い。

たぶん気のせい。気持ちのせいだ。でも、なぜだかそんな気がする。

この原稿を書いている、土曜日の今日も快晴だ。汗疹枯らしの17年の、その先にあった、僕だけの晴れ。

先週の土曜日は何をしていた？

忘れた。

パンが美味しかった。

それ以外のことは、全部忘れた。

覚えていることは、ただ2つ。

クラブの卓球選手の子が、次回に直すべき点と、次走出てきたら買うと決めた、数頭の馬の名前だけ。

ほんの少しだけ噛みしめる量の、次への修正。ただ、それだけ。

あとがき

最後までお読みいただき、ありがとうございました。

僕の文体はいわゆる、わかりやすい「説明文」ではない。

ブラッシュアップを重ねる段階で、読めば理解できる部分と、読んで感じ取る部分を、織り交ぜて仕上げてある。具象画と抽象画のミックス形式。

そのぶん、読みにくいと感じる読者がいれば、申し訳ない。

読みやすくしていないのだから、仕方ない。

ただ、それは、親切じゃない、ということじゃない。丁寧。その在り方の違いだ。

さて、本書は、内容面において、『馬券』より『見解』というものに比重を置いて、話を展開した。

知的推理ゲーム。競馬は、誰もがそうやって愉しむことができる。

だから競馬には、存在意義がある。

ギャンブルとしてだけではない、存在意義が、確かにある。

近代競馬。

特に、僕も大好きな、あの輝かしき、90年代～2000年初頭――。

イチ地方のテレビ局から、「水曜どうでしょう」が登場し、制作費などなくても、手づくりでも面白いものはつくれるという、テレビの革命を起こした。

音楽シーンでは、アンダーグラウンドでハイスタンダードが登場し、『メイキングザロード』が、プローモーションなどほぼないままで100万枚を売り上げるという、日本の音楽市場最大級のエポックメイキングを放った。

一方、オーバーグラウンドのメジャーシーンでは、ドラゴンアッシュが累計1000万枚のセールスを叩き出し、最前線を走った。

その時代の寵児が、ヒップホップシーンによる『公開処刑』にされた頃、今度は、コメディアンの分野で、松本人志が革命を成功させていた。

「面白いとは何か」を、日本中の少年たちに考えさせ、それまで低い地位にあった「芸人」という職業を、ステータスの高い人気職へと押し上げた。

それは、ビートたけしや、欽ちゃんの時代とは明らかに違う、「職種としてのステータス」の向上。

お笑い芸人が、男の子のなりたいもののランキングで1位となり、自分を表現したい少年たちは、『バンドか、芸人か』という、二択の脳みそに変わっていった。

今ではそれが、ゲームクリエイターか、ユーチューバーになっている。


では、その時、競馬は何をしていた?


牧場と競走馬は、世界的な躍進で、強くなっていった。

だが、騎手は何をしていた?

育成システムは?

外国人騎手への開国は?

そして、競馬物書きは何をしていた?

僕が常に問うているのは、そこなのだ。


騎手の世界では、オリビエ・ペリエを「彼が特別上手いだけ」という理由でごまかし、鎖国を続けた。単に、ほとんどの外国人ジョッキーの方が強く、上手いだけなのに。

競馬ガッコウを出たお坊ちゃんを持ち上げ、これが日本の名手たちですと盲目に突き進み、結果的に、歴史に残る大きな嘘を残すことになった。


そう、我々の業界だけが、何ひとつ、革新的なことをできていなかった。

いや、魅力的なことができなかった。

こんなに情けないことがあるか。

その時、僕はまだ、大学生の少年だった。

無力だった。


「この先『本』はどうなるのか」

最近の仕事の打ち合わせでは、こんな話ばかりが飛び交っている。

競馬本は、業界の規模を縮小しながらも、これからも生き残るだろう。

僕の場合も、低いレベルで横ばいながら、それなりに堅調な売り上げを維持している。

これは競馬本に限った話ではないが、「スマホがあるから本が売れない」「出版不況で本が売れない」「若者が活字離れで本がれない」というのは、幻想だからだ。

僕はこの3言が口癖の出版人たちに聞きたい。

じゃあ、むしろ、本の他に売れているモノはありますか？　と。

液晶テレビも売れていません。CDはもっと売れていません。

そう、モノが売れないのは、単にモノの飽和と、モノの質の選別が進んだだけなのだ。

そして、若者は意外と活字から離れおらず、みんな本を買っている。

ツイッターで流行っている紙の本を、書店でチェックして買っているという、リアルな現状がある。

若者はむしろ〝短文中毒〟と化している。

つまり、「活字」の定義をちょっと見直せば、若者は、少なくとも「文字」から離れてはいない。

SNSの普及で、「絶対に本を読まない層」が透けて見えるように浮き彫りになった。

だが、それは浮き彫りになっただけで、昔からいた層であり、その層がいきなり増えたという印象はない。

「浮き彫りになった」と、「増えた」が、混同してしまっているのだろう。

読まない人は、時代に関わらず、最初から読まない。

そして、「スマホがあるから本が売れない」「活字離れで本が売れない」「出版不況で本が売れない」という3言が口癖の出版人、いや特に書き手の多くは、次のような言葉を、決して口にしない。

「俺の文章が面白おかしくないから、本が売れない」

誤解のないように。これは競馬本の書き手の話ではない。物書き業界、全体の話。

2017年、7月。『note』という媒体を使って、『本島オフィス』から数々のコラムの放つ場所、『MOTOJIMA OFFICE write A creation』を開設した。

基本的に、今の世の中は『物』と『体験』を合体させて、ワクワクする〝楽しさ〟を提供しなければ、なかなか見たいと思ってもらえない。それは書籍でもコラムでも同じこと。

その点、競馬は、「書き物」と「レース」という体験と合体させることができる。

しかし、僕は「予想」が嫌い。予想を売るのも嫌い。ただし、見解のコラムならば得意だ。

そういった意味で、レース前の金曜日あたりに、予想ではなく「見解のコラムを発信できる」というスペースのnoteは、僕向きの媒体だった。

僕はおそらく、読者から、ひとつ誤解されているところがあるように思う。

いや、たくさん誤解されていると思うが、ある1点だけは、自分でも気になっている。

「誤解させてあげる権利」（『自分だけの「ポジション」の築き方』（WAVE出版）にて掲載した言葉）などと言っている僕でも、気になっている点。というより、あまり誤解されたくないなと思う点がある。

それは……。

『古き良きものが好き』なタイプだと思われている点だ。

SNSをやらないということからも、そう思われていると思う。

本書が発売された直後の、2018年現在、日本では、ツイッターとフェイスブック、加えてインスタグラムが盛んだ。

僕は、そのうちひとつもやっていないが、たとえばフェイスブックなどは、日本がミクシィ全盛だった時代に、アメリカに留学した大学生の後輩経由で、すでに触れていた。

後輩曰く「まもなく日本はミクシィからこちらに変わると思いますよ」とのことだった。

そのフェイスブックにしろ、ツイッターにしろ、インスタグラムにしろ、触れてみて、「現時点でこれは自分に必要ない」という判断をしているだけだ。

LINEは別だ。これはメールと入れ替わって、最も重要な通信手段となったツール。

僕より下の世代ともなれば、LINEしか使っておらず、自分のメールアドレスを知らない子もたくさんいる。

これは自分の好き嫌いに関わらず、必須ツールなので、早くから使っている。単純にスタンプなどが楽しいしね。

確かに僕は、紙の本を作ることを最優先に活動している。

ただ、実は、最先端のものは、むしろ好きな方。

仕事における単純作業の多くは、今後はディープラーニングで済ませればいいと思うし、ショート×ショートのようなミステリー小説などもAIが最も得意とする分野なので、ロボットにお任せでも面白いはず。

最近では、そんな話をライター教室の講師で呼ばれる際にもよくしている。でも、ツイッターはやっていないわけだ。

要するに、「今の時代は～」という、オブラートの言葉を使って、単に流行に流されているのが嫌いなだけ。「新しい」とか、「古い」とか。そういう概念が、僕にはまるでない。

ツイッターは、今、人間の根底にある、適度な我慢強さという美意識を削いでいる。

大学生の女の子など、アカウントをいくつも持っていて、先日も助手のひとりから見せてもらったが、あまりにも美しくない人間模様が羅列されているのがわかる。なので、そことは少し、距離を置いている。


noteという媒体には、ローンチされた時点から注目していた。

自分の発信媒体としてベストに近いと感じていたうえ、発信する材料、アイデア、周辺の人材など、僕自身の環境が整ったため、2017年7月より、オフィスから発信する形で開始した。

開始から数ヵ月。うれしい出来事が続々と起きた。「先週のレース前の見解」を、もう、そのレースが過ぎてから買ってくれる人が、何人かいるのだ。

わかりやすく言うと、ジャパンカップの週の金曜日のコラムの見解を購読して読んだ人が、ジャパンカップ終了後に、前週の、マイルCSの週の金曜日の見解を買ってくれた、といった出来事だった。

これは、いわゆる「買い目」を欲しがる、一般的な「競馬予想」などではありえないことだと思う。純然たる「見解コラム」にしか成しえないことだと思う。

その時、僕は涙が出た。

「予想」とは、主に、お金を儲けるために手に入れるのだと思う。

「コラム」とは、主に、見解を吸収し自分を高めたいから読むのだと思う。

「コラムです。買い目提供の予想じゃありません」

今、僕は、そういった読者の方々に支えられ、胸を張ってそう言える。

本島オフィスのnoteは、楽しさだけを凝縮したような、僕からの〝発想のおすそ分け〟のようなサイトになっているので、よければ一度、アクセスしてみてほしい。

きっと、僕の競馬力の発想の根幹にも、触れてもらえると思います。


最近、肩書きを、少し変えた。

「競馬評論作家」と言うのを、なるべく控えている。「評論家」ではなく「評論作家」なんだ、評論をしたいんじゃなくて、書くことがしたくて、そのために評論をしているんだ、と言っているのだが、それでも評論家のようなもの、と受け取られることも多いからだ。

それでは本末転倒なので、最近ではプロフィールなどでも主に書いているジャンルは、「競馬評論」ではなく、「競馬論」としてもらっている。

競馬書籍という土俵に根を生やして、17年。

手に入れたいステータスなど、何ひとつなかった。

100人にソッポを向かれても、ひとりの人生に強烈な影響を与える本を。

いつもそう思い、書いてきた。

名誉じゃない。衝動だ。


オルタナティブであることに、真っ直ぐすぎた日々。

雨の日もあった。晴れの日もあった。曇り空の日ばかり、たくさんあった。

どんな天気の日にも、真摯に、競馬を分析する作業と、原稿に向き合ってきた。

親切じゃない。愚直だ。

わかってくれた人、わかってくれなかった人。そして若すぎた青い日々。そのいろいろな出来事に、何もかも全部に、ありがとうと言って回りたい。

媚びていない。篤実だ。

17年の時が流れ、作風への理解とともに、僕にこの舞台を用意してくれた、岡田さん、そしてＫＫベストセラーズの担当者に、心から感謝致します。

本書が、あなたがひとりの競馬ファンの男として、変化をするキッカケになれば幸いです。


この前、「本島さんって、きっと、あまり競馬に思い入れがないんですね」と言われた。

そう見えるのだろう。僕の執筆した本を読めば、きっと。

思い入れはない。思い出はある。


16歳の時。札幌市菊水にある、国立がんセンターに入院していた。同じ病棟の者が、ひとり、またひとりと亡くなっていく病室にて。

退院の日が決まった僕は、週刊ギャロップを読みながら、マヤノトップガンが天皇賞春で復活するという見解を、ベッドの上でまとめていた。看護婦さんに怒られながら。

夜、午前2時すぎのことだった。

今も、たまたま、午前2時だ。

そろそろ、今年の天皇賞春の見解をまとめていたところ。

なんだか、同じことをしているような気がする。

競馬を見るレベルがちょっと、少年の自分と違うだけ。

同じことをしているのは、きっと偶然、たまたまだろう。

いやいやいや、それこそ必然の未来でしょって、ツッコミたくなるかもしれないが、最後にほんのひと言だけ、カッコつけさせてくれないか。


必然じゃない。偶然だ。

本島修司

本島修司（もとじま　しゅうじ）
北海度生まれ。文筆家。大学在学中に書いていた原稿が注目を浴びて、デビュー。パンクでリズミカルな筆致と、鋭い洞察力が瞬く間に話題となる。中でも、強烈なカリスマ性を放つ独自の競馬論が、若いファンを中心に多くの支持を受け、日本の競馬書籍界を牽引。競馬を男のライフスタイルに溶け込ませるための様々な発想を提唱。近年は人生論エッセイも上梓し、注目を集めている。主な著書に、『自分だけの「ポジション」の築き方』（ＷＡＶＥ出版）、『合理主義競馬』『競馬 勝つための洞察力』（ガイドワークス）、『一読するだけで血統力が上がる本』（東邦出版）、『この知的推理ゲームを極める。』『Ｃａｆｅ’ドアーズと秘密のノート』（総和社）など。本書が48作目。
■本島修司 公式ホームページ　http://motojimashuji.com/
■本島オフィス 公式 note　https://note.mu/motojimaoffice

競馬《けいば》 正《ただ》しい勝《か》ち方《かた》

2018年3月1日　初版第一刷発行

著者◎本島《もとじま》修《しゅう》司《じ》

発行者◎栗原武夫
発行所◎ＫＫベストセラーズ
〒170－8457　東京都豊島区南大塚2丁目29番7号
電話　03－5976－9121（代表）

印刷◎近代美術
製本◎ナショナル製本

ISBN978－4－584－13847－2　C 0075